꿈이 있다면 세상은 네 편이다

꿈이 있다면
세상은
네 편이다

신희정(민사고 재학생) 지음

예담
friend

꿈이 있다면 세상은 네 편이다

초판 1쇄 발행 2005년 12월 2일
초판 2쇄 발행 2005년 12월 9일

지은이 신희정 | **펴낸이** 김태영

상무 신화섭 | **편집장** 박선영 | **책임편집** 오유미
기획편집 1팀 양은하 도은주 | **2팀** 노진선미 가정실 | **3팀** 최혜진 정지연
디자인 김정숙 하은혜 차기윤 | **마케팅** 신민식 정덕식 권대관 송재광 임태순 박신용 김형준
인터넷사업 정은선 김미애 | **홍보** 김현종 허형식 | **광고** 김정민 이세윤
제작 이재승 송현주 | **외서기획** 이유정
경영지원 하인숙 김범수 임효구 봉소아 김성자 이재희 | **인사교육** 송진혁 이화진

펴낸곳 (주)위즈덤하우스 | **출판등록** 2000년 5월 23일 제13-1071호
주소 서울시 마포구 도화동 22번지 창강빌딩 15층 | **전화** 704-3861 | **팩스** 704-3891
전자우편 editor@yedamco.co.kr | **홈페이지** www.wisdomhouse.co.kr
출력 엔터 | **종이** 화인페이퍼 | **인쇄 · 제본** (주)현문인쇄

값 9,800원
ⓒ 신희정, 2005
ISBN 89-91731-04-X 03370

세상으로의 무한 도전을 꿈꾸다

초등학교 3학년 어느 날인가 엄마가 나에게 하셨던 말이 기억난다.

"희정아, 언젠가 네가 네 힘으로 책을 쓸 수 있게 된다면 엄마가 적극 도와줄게."

엄마는 유난히 동화책 읽기를 좋아하던 나에게 가장 의미 있는 일이 무엇일까 생각하셨던 것이다. 그때 오빠와 함께 글짓기 숙제, 독후감 숙제의 글들을 모아서 우리만의 문집을 만들고 좋아했던 기억이 생생하다.

민사고에 들어온 지 이 년, 내 나이 열일곱 살……. 정말로 나에게 책을 쓸 기회가 생겼다. 2학년 여름의 어느 날, 도서관의 김동명 사서선생님께서 나에게 민사고에 대한 책을 써보라고 권유하셨다. 이 나이에 책이라니! 게다가 지금까지 알려진 민사고 책은 해외 명문고에 합격한 사람들의 이야기가 대부분이라 나처럼 아무것도 한 것이 없는 평범한 고등학생이 쓸 책은 아닌 것 같았다. 하지만 선생님의 말씀이 내 마음을 사로

잡았다.

"희정아, 이건 공부 잘하는 법에 관한 책이 아니야. 그냥 너의 고등학교 생활을 솔직하게 쓰면 된단다."

선생님은 이 책이 순전히 민사고 아이들의 책이 될 거라고 말씀하셨다. 강원도 횡성 산속에 있는 학교, 한복을 교복으로 입는 괴상한 학교, 최고의 영재들만 받아들여 매년 해외 명문대 합격자를 쏟아내는 학교……, 이런 피상적인 이야기를 하는 책이 아니라 정말로 그 속에서 웃고 울고 숨 쉬며 생활하는 학생들의 이야기를 담아낼 책이라는 설명이었다.

책이라…… 생각해 보니, 정말 가슴 설레는 일이었다. 내가 쓴 원고가 출판사의 편집과정을 거쳐 인쇄가 되고 서점에 진열되는 과정을 보는 것도 큰 경험일 거란 생각이 들었다. 하룻밤을 꼬박 고민한 후 선생님께 해보겠다고 말씀드렸다.

책을 쓰기로 결정하고 부모님께 말씀드렸더니 모두 놀라셨다. 엄마는 이미 오래 전에 적극적으로 도와주겠다고 약속을 하셨기에 책의 한 파트를 맡아 특별기고문을 써주시기로 하셨다.

이렇게 수월하게 시작하게 된 책이었지만, 그 과정은 쉽지 않았다. 막상 책으로 나온다고 생각하니 단어 하나, 표현 하나 선택하는 데에도 신중에 신중을 기해야 했다. 자칫 나의 표현이 민사고에 대한 잘못된 선입견, 오해를 부를 수도 있는 일이었기에 여러 선생님들께 자문을 구해 여러 번 원고를 고쳐야 했고, 또 나 혼자만의 시각으로는 전체를 다 볼 수 없기 때문에 여러 친구들의 의견도 수렴했다. 그러다 보니 원고를 완성하는 데 계획했던 것 이상의 긴 시간이 소요되었다. 선생님들을 비롯한 주위의 여러 도움으로 출판사가 선정되고, 나의 원고는 수정에 수정을 거듭하며 점점 글다운 면모를 갖추게 되었다.

다시 말하지만, 이 책에는 '이렇게 공부하면 하버드 간다'는 식의 획기적인 공부 비법은 들어 있지 않다. 다만 평범한 민사고 학생으로서 직접 체험하고 느꼈던 생활 속 이야기들이 담겨 있다. 지난 2년간 나를 힘들게 했던 고민들, 웃고 설레던 일들, 친구들과의 우정, 선생님들과의 교감, 희망과 좌절 사이에서 수없이 쓰러져도 다시 일어서게 만들었던 용기와 의지가 들어 있다. 그리고 새삼 느끼게 된 부모님의 한없는 사랑이 담겨 있다.

민사고 아이들이 어떤 식으로 공부하느냐에 관해서는 여러 친구들과 선생님들의 도움을 받았다. 진정한 공부란 무엇인지, 어떻게 공부해야 하는지, 민사고가 원하는 학생은 어떤 학생인지에 대한 좋은 글들을 받을 수 있었다. 친구들과 선생님들의 글 덕분에 어설픈 내 글이 조금이나마 빛을 얻게 되어 너무나 감사드린다. 또한 민사고에 아이를 보낸 학부모의 입장을 너무나 솔직하게 써주신 엄마에게도 진심으로 감사드린다. 엄마의 글 속에는 나조차도 전혀 몰랐던 엄마의 마음이 담겨 있었다. 나를 멀리 떠나보내고 날마다 얼마나 그리워하셨는지, 수화기 너머로 힘들어하는 내 목소리가 들릴 때마다 당장 달려와서 데려가고 싶은 충동과 얼마나 싸우셨는지, 내가 힘들어했던 것 이상으로 나의 가족 모두가 힘들어했었다는 걸 새삼 알 수 있었다.

　지난 2년의 시간을 돌이켜볼 때, 민사고에서 배운 것은 공부 기술만이 아니었다. 학문을 진정으로 사랑하는 법을 배웠으며, 그 이상으로 인생을 진정으로 즐기는 법을 배웠다. 우리의 가능성은 하늘에 닿아 있고, 그것을 최대화시키기 위해서는 늘 높은 꿈을 품어야 한다는 것을 배웠다.

　이제 학교생활이 1년밖에 남지 않았다. 곧 더 큰 세상으로 나아가 새로운 것을 배우게 되겠지만, 민사고에서 배운 인생의 진리만큼은 영원히 계속될 것이다. 인생이라는 하얀 도화지에 처음으로 점을 찍었던 곳. 바탕을 그리고 아직 알 수 없는 꿈의 윤곽을 잡아내려고 애를 썼던 곳. 그곳이 바로 민사고였음을 영원히 자랑스럽게 기억할 것이다.

민사고 9기 국제반 신희정

1

아이에서 어른으로

더 넓은 세상으로
날아가자

세상으로의 첫걸음

헉! 내가 빵점이라고?

간제 선생님의 연구실로 향하는 나의 발걸음에는 조바심이 묻어 있었다. 그날은 1학년 1학기가 시작되고 처음으로 제출했던 세계사 리포트의 점수가 공개되는 날이었다. 몇 점이 나왔을까? 이런 식의 영문 페이퍼를 써본 건 처음이었기 때문에 왠지 불안했다. 스무 개의 주제 중에 내가 선택한 것은 '메소포타미아의 수학'. 도서실의 참고문헌과 인터넷을 뒤적이며 열심히 작성했으니 그래도 설마 90점은 넘었겠지? 늘 걱정했지만, 그래도 지금까지 시험에서 90점 이하를 받아본 적은 없었잖아? 그러니까 너무 불안해하지 말자……. 그렇게 애써 스스로를 다독였다.

도착하니 간제 선생님은 책상 위에 우리들이 제출한 페이퍼를 쌓아놓고 조용히 앉아 계셨다. 학생들이 모두 자리에 앉자 간제 선생님이 말씀을 시작하셨다.

"자, 지난 시간에 제출했던 여러분의 과제물을 잘 받아보았습니다. 여러분들이 많은 노력을 기울였음을 알 수 있었습니다. 몇몇 페이퍼는 아주 독특한 시각으로 저를 감동시키기도 했습니다. 여기 페이퍼를 돌려드리겠습니다. 점수에 이의가 있는 학생은 후에 저의 연구실로 찾아와서 말씀하세요."

우리는 한 명씩 페이퍼를 돌려받았다. 한참을 기다린 후 드디어 내 페이퍼를 받아든 순간, 나는 벽돌로 뒤통수라도 얻어맞은 듯 충격을 받았다.

'빵…… 빵점? 이럴 수가!'

아무리 보아도 빵점이 분명했다. 너무 놀라 페이퍼에서 눈을 뗄 수가 없었다. 조심스럽게 고개를 들어 아이들의 표정을 살폈다. 나처럼 경악하고 있는 표정의 아이는 한 명도 없었다. 그렇다면 나만 빵점이란 말인가? 슬그머니 옆 친구들의 점수를 훔쳐보았다. 85점, 95점. 모두 좋은 점수들이었다.

혹시 선생님이 100점을 빵점으로 잘못 쓰신 것은 아닐까? 혹은 펜이 닳아서 앞에 쓴 9자가 안 보이는 건 아닐까? 그렇지 않고서야 빵점이라는 점수를 도무지 이해할 수가 없었다.

간제 선생님이 특유의 크고 분명한 목소리로 수업을 시작하셨고, 아이들도 열중한 채 질문을 하면서 열심히 수업에 임하는 것 같았다. 하지만 내 귀에는 아무 소리도 들리지 않았다. 빵점을 받은 건 생애 처음이었다. 불성실하게 아무렇게나 써낸 것도 아니고, 남의 글을 베낀 것도 아니었다. 자료조사 등 꼬박 일주일을 투자해서 열심히 썼는데 어떻게 빵점일 수가 있을까?

빵점의 충격에서 허우적거리며 그날 두 시간의 세계사수업을 멍하니 흘려보냈다. 얼굴이 빨갛게 달아올랐고 눈에서는 금방이라도 눈물이 뚝뚝 떨어질 것만 같았다.

"희정아, 리포트 몇 점 나왔어?"

수업이 끝나고 간제 선생님의 연구실을 나오면서 친구가 물었다.

"어? 너, 너는?"

"나는 95점. 너는?"

"나? 나, 나는 말이지…… 빵점이야."

순간 복도를 걸어가던 아이들이 모두 걸음을 멈췄다.

"뭐야? 희정이 네가 빵점이라고? 어디 봐!"

나는 조용히 아이들에게 내 빵점짜리 리포트를 내밀었다.

"아니, 정말이잖아! 뭐가 잘못된 거 아니야?"

"그러게! 이건 잘못된 게 분명해! 간제 선생님이 엄격하시긴 해도 빵점을 주실 리는 없어!"

아이들이 모두 내 리포트를 돌려보며 웅성거렸다. 나는 발가벗겨진 것처럼 창피했다. 눈에는 벌써 그렁그렁 눈물이 맺혀 있었다. 학기 초부터 우는 모습을 너무 많이 보여줘서 더 이상 울지 않으려고 했는데 또 이렇게 되다니…….

"희정아, 선생님께 찾아가서 물어봐. 왜 빵점을 주셨는지 이유를 알아야지. 분명히 착오가 있었을 거야."

"그래, 울지만 말고. 지금 한번 가보는 거야!"

친구들의 말에도 아무 의욕이 생기지 않았다. 그저 기숙사 방에 처박혀 숨고만 싶었다. 당장 교문 밖으로 뛰어나가 아무 버스라도 잡아타고 집으로 돌아가고 싶었다.

'엄마, 내가 빵점이래? 도대체 나 여기 와서 왜 이 모양이지?'

그날 밤, 밤새도록 눈이 퉁퉁 붓도록 울었다. 아침이 되자 어느 정도 마음이 가라앉아 간제 선생님을 찾아갈 용기를 낼 수 있었다. 선생님은 내가 찾아올 줄 아셨는지 어서 오라며 반갑게 맞아주셨다.

"희정아, 페이퍼 때문에 찾아온 거지?"

"예, 선생님. 말씀해 주세요. 제 점수가 왜 빵점인가요?"

선생님은 내 페이퍼를 훌훌 넘기시더니 마지막 페이지의 레퍼런스(reference, 참조) 부분을 손으로 짚으셨다.

"이게 문제야. 이 참조는 잘못되었어. 희정이 네가 인용한 문장은 이 인터넷 사이트에서 발췌된 것이 아니야. 설사 네가 이 사이트를 보고 인용을 했다 해도, 최초의 출처는 책이라는 걸 생각했어야지."

세상에! 그렇다면 발췌 문장의 출처를 잘못 밝혔다는 이유로 빵점을 받았다는 말인가. 너무나 억울한 생각이 들었다.

"선생님, 출처를 잘못 밝히기는 했지만 제 생각인 것처럼 베끼지도 않았고 인터넷 주소를 분명히 밝혔어요. 이런 문제로 빵점을 받다니 억울해요!"

하지만 선생님은 단호하게 말씀하셨다.

"억울하겠지. 하지만 억울해도 지금 빵점을 받는 게 나아. 만약 여기가 미국 대학이었다면 너는 이 일로 퇴학을 당했을 거야. 인용 문장의 출처를 잘못 밝히는 건 퇴학감이야. 대학에 가서 퇴학을 당하는 것보다는, 지금 확실하게 빵점을 받는 게 낫겠지. 그렇지?"

나는 선생님의 말에 고개를 끄덕였다. 여전히 억울하긴 했지만, 선생님의 말씀에 틀린 점은 없었다. 더구나 국제반 학생들은 졸업과 동시에 미국 대학에 갈 아이들이니, 이런 문제를 가볍게 넘겼다가는 후에 더 큰 충격을 받을 수도 있었다. 여러 면에서 간제 선생님이 내게 주신 빵점에는 확실한 이유가 있었던 것이다.

선생님은 애써 울음을 참고 있는 나를 위로해 주셨다.

"걱정하지 마, 희정아. 앞으로 여러 번의 페이퍼 과제가 주어질 거니까 언제든 만회할 수 있어. 중요한 건 같은 실수를 두 번 저지르지 않는 거야."

이렇게 아무 소득 없이 선생님의 연구실을 나왔다. 연구실 문을 닫고 돌아서는 순간 눈물이 흘러내렸다. 세상에서 내가 제일 멍청한 아이가 된 기분이었다. 다른 아이들은 모두 똑똑하고 씩씩하게 학교생활을 잘 해 나가고 있는데, 나 혼자 빵점이나 받고 나약하게 울고 있었다. 그냥 도망쳐 버릴까? 엄마 아빠가 있는 집으로 돌아갈까?

달빛 아래 소원을 빌다

민사고에 들어와서 처음 몇 달간을 돌이켜보면 울었던 기억밖에 떠오르지 않는다. 정말 시도 때도 없이 울었다. 하루 수업을 끝내고 기숙사 방에 오면 가방을 내려놓기가 무섭게 눈물이 뚝뚝 떨어졌다. 새벽 1시쯤 사다리를 기어올라 침대에 누우면, 또 왈칵 눈물이 쏟아져 이불 속에 얼굴을 파묻고 흐느꼈다. 새벽 6시 반에 일어나 아침운동을 준비하며 양치질을 할 때에도, 갑자기 두 눈이 새빨개지며 거울 앞에서 울고 있는 내 자신을 볼 수 있었다.

'어떡해……. 오늘 하루, 또 어떻게 버티지?'

민사고에 올 때 내 목표는 딱 두 가지였다. 하나는 꼴찌 하지 말기. 또 하나는 친구들 많이 사귀기. 전국 최고의 천재, 영재, 수재들이 다 모인 곳이니, 일등은 아예 꿈도 못 꾸겠지만 꼴찌는 하지 말자. 그리고 내성적인 성격이라 힘들긴 하겠지만, 그래도 열심히 친구를 사귀어서 왕따는 되지 말자…….

그런데 자신이 없었다. 입학한 지 한 달이 다 되었지만, 그동안 깨달은 것은 나를 제외한 모든 아이들이 천재라는 것이고, 나를 빼고 모든 아이들이 서로 친해 보인다는 것이었다.

국제반에는 정말 무서운 아이들이 많았다. 다들 모르는 게 없는 공부 괴물들 같았다. 영국에서 살다 왔다는 한 아이는 과학시간에 선생님이 한 마디씩 설명을 할 때마다 꼭 부연 설명을 했다.

"너희들이 잘 모를 것 같아서 하는 말인데, 지금 선생님 말씀은 말이지……."

또 미국에서 온 다른 아이는 선생님이 무엇을 가르치려 하시면 손을 들고 꼭 이렇게 말했다.

"선생님, 그건 이미 배워서 너무 쉬워요. 다음 진도 나가요."

아이큐가 140이 넘는다는 한 아이는 수업시간에 쿨쿨 자는 척을 하다가 갑자기 손을 번쩍 들고는 이렇게 말했다.

"선생님, 제가 조느라 못 들었는데 지금 하신 말씀이 로피탈 정리를 증명하신 거죠?"

도대체 이 아이들은 어디서 어떻게 공부를 한 걸까? 나는 전혀 들어보지도 못한 것들을 어떻게 알고 있는 것일까? 나는 완전히 자신감을 잃었다. 다른 아이들은 이것저것 질문도 하고 의견도 내놓는데, 나는 잔뜩 주눅이 들어서 고개를 푹 숙이고 앉아만 있었다.

"희정아, 너는 아무 질문이 없니?"

선생님이 이렇게 물으시면 빨갛게 달아오른 얼굴로 고개만 저어댔다.

아무래도 내가 꼴찌일 테고, 왕따가 되는 것도 시간문제일 것 같았다. 엄마에게 하루에도 서너 차례씩 전화를 걸어 나를 여기서 좀 빼내달라며 애원을 했다.

"엄마, 나 정말 자신 없어. 아이들이 너무 무서워. 제발 이리 와서 나 좀 데리고 가!"

점점 내가 민사고에 오고 싶어했던 진짜 이유를 까먹고 있었다.

내가 왜 이 학교에 와서 이 고생을 하고 있는 거지? 평범하게 일반 고등학교를 갔으면 내 인생이 이렇게 힘들어지진 않았을 텐데 하는 생각에 하루하루가 버거웠다.

처음에는 그저 내가 어리광을 피우는 거라고 여기셨던 엄마도 진지하게 말씀하셨다.

"희정아, 정말 힘들면 엄마가 데리러 갈게. 하지만 한 달만 더 버텨보자. 한 달 후에도 힘들면, 그땐 정말 그만 하기로 하자."

나는 엉엉 울며 한 달 후고 뭐고 지금 당장 데리러 와달라며 떼를 썼다. 그럴 때면 엄마는 "희정아, 한 달만, 딱 한 달만……"이라며 나를 달래셨다.

그건 참으로 묘한 주문과 같았다. 떼를 쓰면서도 한 달만 더 버텨보라는 엄마 말씀이 그렇게 위로가 될 수 없었다. 어쩌면 내가 엄마에게 정말 듣고 싶었던 말은 당장 데리러 오겠다는 말이 아니라 포기하지 말고 끝까지 최선을 다해 보라는 말이 아니었을까?

하루에도 수없이 도망가고 싶은 마음과 싸우면서도, 이른 아침 한복으로 된 교복을 입고 등교할 때면 내가 우리나라에서 가장 좋은 고등학교에 다니고 있다는 묘한 자부심이 있었다. 가슴 한편에서는 이 자부심을 잃고 싶지 않다는 생각이 들었다. 이대로 낙오자가 되고 싶지는 않았다.

어느 날 밤 11시경, 졸음을 참다가 룸메이트와 함께 코트를 걸치고 산책을 나왔다. 생활관 건물 곳곳에 기다란 고드름이 날카롭게 얼어 있을 정도로 매섭게 추운 밤이었지만, 마침 보름이라 달빛만큼은 너무나 밝고 따뜻했다. 도시에서는 이렇게 크고 밝은 달을 구경하기 힘들다.

어느새 나는 달을 쳐다보며 소원을 빌고 있었다.

'약한 저에게 힘을 주세요. 제가 포기하지 않고 해낼 수 있게 용기를 주세요.'

그 순간 모든 것이 분명해졌다. 내가 원하는 건 집으로 돌아가는 것이 아니라 어떻게든 이곳에서 살아남는 것이었다.

희정아, 울지 말고 주말 잘 보내라

첫 귀가를 앞두고 있었던 금요일 하루도 엉망이었다. 음악교과서를 나눠준다기에 선생님 연구실로 가니, 내가 교과서 신청을 안 해서 내 몫이 없다는 것이었다.

"신청이요? 신청해야 주는 거였나요?"

"희정아, 무슨 소리니? 신청하라고 다산관 게시판에 공고를 해두었잖니?"

나는 금시초문이었다. 얼빠진 상태로 다니면서 공고를 읽을 생각조차 하지 않았던 것이다.

오후 4시쯤 되자 아이들이 모두 한 방향을 향해 우르르 걸어가고 있었다.

'무슨 일이지? 아이들이 모두 어디로 가는 걸까?'

혼자 의아해하고 있는데 반 친구 한 명이 말을 걸었다.

"희정아? 너는 특강 들으러 안 가니?"

"특강? 무슨 특강?"

"몰랐어? 오늘 명사 초대 특강 있다고 며칠 전부터 공고 붙였잖아!"

또 뭔가에 얻어맞은 기분이었다.

중학교 시절에는 학교에 무슨 행사가 있거나 신청해야 할 것이 있으면 방송을 해주고, 또 선생님과 반장도 여러 번 말해 주었는데, 여기서는 모든 것이 스스로 알아내지 않으면 놓치는 식이었다. 보드에 종이 한 장 붙이는 것으로 강의 공고를 하고, 무언가를 나눠주거나 신청하는 것도 종이 한 장 붙여놓는 것으로 끝이었다. 공고를 열심히 보지 않으면 학교 커리큘럼을 제대로 좇아갈 수 없다는 걸 알면서도 여전히 적응을 못하고 있었다.

강당을 향해 걸어가는데 눈물이 주르르 흘러내렸다.

'나는 왜 이렇게 어린애 같지? 제대로 하는 게 하나도 없잖아?'

마침 어드바이저 선생님이 지나가시다가 내가 우는 걸 보셨다.

"희정아? 너 또 우니?"

얼른 눈물을 훔쳤다. 내가 우는 걸 여러 번 보셨던 선생님은 내게 늘 마음을 써주셨다.

"자, 이 특강만 끝나면 집에 가는 거야. 그러니까 그만 울자."

선생님은 내 어깨를 툭툭 토닥여 주셨다.

특강이 끝나고 기숙사로 돌아가는 길에 문자메시지를 받았다.

'희정아, 울지 말고 주말 잘 보내라.'

어드바이저 선생님이 보내신 것이었다. 감사한 마음이 들면서도, 내가 얼마나 울었으면 이런 메시지를 다 받나 싶어 내 자신이 한심해졌다.

주말을 보내고 학교로 돌아왔는데 선생님이 내게 유난히 냉랭한 표정을 지으셨다. 월요일 조회시간에 모든 학생들에게 주말을 어떻게 보냈냐며 한 마디씩 물으시면서 나만 쏙 빼놓는 것이었다. 심지어 복도에서 마주쳐도 다른 학생들에게는 생글생글 웃어주시면서 내겐 눈길조차 주지 않으셨다.

며칠 동안 선생님의 냉랭한 시선을 견디다가, 결국 선생님의 연구실을 찾아갔다.

"선생님, 요즘 저에게 왜 그렇게 차가우세요? 제가 잘못한 게 있다면 말씀해 주세요."

선생님은 그것도 모르냐는 표정으로 말씀하셨다.

"네가 선생님 문자에 답을 하지 않았잖아!"

그때서야 잘못을 깨닫고 선생님께 죄송하다고 말씀드렸다. 그때는 그런 일로 화를 내시는 선생님이 어린아이 같다고 생각했었는데, 나중에 그 안에 담긴 큰 뜻을 알 수 있었다. 선생님을 비롯하여 민사고의 모든 선생님들이 늘 강조하시는 것이 '예의'였다. 인사를 제대로 안 한다거나, 불렀는데 대답을 안 하는 것 등이 모두 옳지 않은 행동이었다. 나는 선생님의 문자메시지를 너무나 당연하게 받아들이고 답장을 하지 않았던 것이다. 그건 선생님이 내게 말을 걸어오셨는데 아무 대답 없이 가만히 있는 행동이나 마찬가지였다.

이 일로 마음고생을 많이 하긴 했지만, 그 이후로는 어떤 문자메시지이든 즉시 답을 하게 되었다. 하루에 한두 개씩 날아오는 부모님의 문자메시지도 당연하게 여기지 않고 즉시 답을 보냈다.

어쩌면 이 사건이 내 마음의 변화가 시작된 계기가 되었는지도 모른다. 힘들어도, 내겐 조용히 응원의 메시지를 날려주시며 때론 잘못을 지적해 주시는 고마운 선생님이 계셨다. 꼴찌를 할 것 같은 두려움, 왕따가 될 것 같은 두려움은 여전히 남아 있었다. 하지만 이 학교에서 많은 걸 배울 수 있지 않을까? 공부 말고도 인생에서 필요한 더 많은 것들을 말이다.

너만 그런 게 아니야. 다들 그래

월요일 첫 수업은 늘 윌리엄스 선생님의 영문학 강의로 시작되었다. 90명이나 되는 국제반 전원이 소강당에 모여 선생님의 강의를 들었다. 수업은 재미있었지만, 이 시간은 늘 나를 잔뜩 겁먹게 만들었다. 다들 무서운 눈빛이 되어 선생님의 말을 경청하고 질문시간이 주어지면 너나 할 것 없이 손을 들었다.

"선생님 말씀을 다 받아 적지 못해서 그러는데, 노트 좀 보여주라."

누군가 이런 말을 하자 부탁을 받은 아이는 당황해하며 말했다.

"나도 다 못 썼어, 다른 애들한테 물어봐."

다른 아이들도 마찬가지였다. 서로 경쟁이라도 하는 것 같았다. 부족한 모습을 보이기 싫어서 그랬는지 선뜻 자기 것을 내주는 아이는 없었다.

첫 독서시험 결과가 발표되었을 때, 아이들은 은근히 다른 아이들의 성적에 신경을 쓰며 자기 성적과 비교하기에 바빴다. 바깥세상에서 늘 최고였던 아이들인 만큼, 최고가 아닐 수도 있다는 사실을 받아들이기가 힘든 것 같았다.

나는 이런 분위기에 숨이 막혔다. 나 역시 성적에 신경을 쓰고 노심초사하긴 하지만, 그래도 그 정도는 아니었다. 이런 공부 괴물들과 늘 경쟁하고 경계하면서 어떻게 3년 동안 살지? 숨도 쉴 수 없을 것만 같았다.

어느 날 저녁이었다. 친구와 함께 학생회에서 일하는 8기 류수민 선배의 일을 도와드리고 방으로 초대를 받았다.

"초코파이 하나씩 줄게. 가자!"

선배님 방에 놀러가는 건 처음이었다. 방에 들어가니 듣도 보도 못한 책들이 책장에 한 가득이었다. 늘 쾌활하고 자신감이 넘치는 선배답게 방도 시원시원하게 꾸며놓았다.

우리는 초코파이 하나씩을 물고 이야기를 나누었다.

"너희들 공부하기 힘들지? 지금 집에 가고 싶지?"

나는 깜짝 놀랐다.

'내 마음을 선배가 어떻게 알았지?'

"나도 1학년 때 대단했었어. 매일 울고, 도망갈 궁리하고……. 도저히 견딜 수 없어서 짐까지 싸고 부모님도 불렀었어. '이제 엄마만 오시면 이 학교와는 끝이다'라고 생각하고 있었는데, 자퇴하기 전날 교감선생님이 설득하시더라. 한 달만 더 버텨보고, 그때도 이 학교가 싫으면 그때 자퇴를 하라고 말이야."

나는 뜨끔했다. 선배가 하는 말이 지금 내 상황과 너무나 똑같았다. 우리 엄마도 한 달만 더 버텨보라며 설득하지 않으셨던가. 내 마음은 빨리 한 달이 지나서 얼른 집으로 가고 싶은 생각뿐이었다.

선배는 말을 이어갔다.

"그런데 정말 한 달이 지나니까 그만두고 싶었던 생각이 말끔히 없어지는 거야. 그때부터 아이들과도 친해지고 학교생활이 재미있어지기 시작했어. 그리고 지금은 학생회 활동도 하고 오케스트라 단장도 하고 있어. 누구보다도 학교생활을 좋아하지. 그만두지 않은 게 천만다행이야."

나는 조심스럽게 선배에게 내 마음을 이야기했다. 나를 제외하고 모든 아이들이 똑똑해서 내가 꼴찌를 할까봐 너무 무섭다고 말했다.

선배가 웃으면서 대답했다.

"그게 다 서로 익숙하지 않아서야! 조금만 있어봐. 서로 부족한

면들을 보여주기 시작할 거야. 겉으로는 다들 잘 적응하고 있는 것 같지만 속으로는 크고 작은 갈등들을 겪고 있어. 다들 너랑 똑같아. 자기가 제일 못난 아이 같아서 전전긍긍하고 있다니까. 나는 나 혼자만 울고 다니는 줄 알았는데, 나중에 보니까 다들 안 보이는 데서 찔찔 울었다더라. 남자아이들도 마찬가지야!"

나는 선배의 말이 믿기지 않았다.

'나만 우는 게 아니라고? 저 찔러도 피 한 방울 안 흘릴 것 같은 아이들이 남들 안 보는 데서 울고 있다고?'

"한 달만 기다려봐! 서로 편하게 고민도 얘기하고 도움도 주고받는 관계가 될 테니까."

이야기를 마치고 방으로 돌아오는데 함께 갔던 친구가 말했다.

"사실 나도 학교 그만둘까 하고 여러 번 생각했었어. 근데 부모님 기대가 워낙 커서 말도 못 꺼내고 버티고 있는 거야!"

나는 연이어 충격을 받았다. 그 친구도 국제반에서 둘째가라면 서러울 정도로 똑똑한 친구였다.

우리는 계속 이야기를 나누었다. 그동안 힘들었던 일, 상처 받았던 일 등이 봇물처럼 터져 나왔다. 이야기를 마칠 즈음, 우리는 서로 부둥켜안고 엉엉 울었다.

그때부터 마술 같은 일이 일어났다. 하나둘씩 아이들이 공부가 어렵다, 힘들다, 집에 가고 싶다며 본심을 말하기 시작한 것이었다.

어느 날, 물리 퀴즈시험을 앞두고 정신없이 복습을 하고 있는데,

남자아이 한 명이 넋을 놓고 창밖을 바라보며 앉아 있었다.

"야, 너 왜 그래? 공부 안 해?"

내가 이렇게 묻자, 그 아이는 힘없이 말했다.

"몰라, 지겨워."

그 아이는 학기 초부터 수업시간에 누구보다 열심히 질문을 하고 꼬박꼬박 예습을 해와서 선생님을 감탄하게 만들었던 아이였다. 걱정이 되면서도, 마치 내 모습을 보는 것 같아 동질감을 느꼈다. 작은 말이라도 위로를 해주고 싶었다.

"나도 지겨워. 그냥 퀴즈시험 망쳐버릴까봐!"

내가 이렇게 말하자 그 아이가 나를 보며 빙긋 웃었다. 그러고는 다시 책을 펼치고 공부를 하기 시작했다.

4월로 접어들면서 거의 모든 아이들에게서 이런 빈틈이 보이기 시작했다. 늘 최고로 인정받으며 살아왔던 아이들. 최고의 집단인 민사고에서도 여전히 최고여야 한다는 강박관념 속에서 얼마나 긴장하며 보냈는지 모른다. 이런 마음을 나누며 서로 친해지면서, 우리는 점점 편안해지기 시작했다. 이제 어떤 식으로든 주목받기 위해 수업시간에 기를 쓰고 손을 드는 아이는 없었다. 독서시험이나 단어시험의 결과가 나와도 남의 점수를 캐고 다니는 아이도 없었다. 남들과 비교우위가 되기 위해 신경 쓰기보다는 자기 점수, 자기 기준이 더 중요해진 것이다.

어느 날 수업을 마치고 기숙사에 도착하여 가방을 내려놓는데, 내가 오늘 하루 종일 한 번도 울지 않았다는 사실이 떠올랐다.

"어머, 나 오늘 한 번도 안 울었어!"

나도 모르게 친구들한테 이렇게 말했다. 그러자 아이들은 내 머리를 쓰다듬으며 장난을 쳤다.

"그래, 우리 희정이, 오늘 한 번도 안 울었어? 아이고, 우리 착한 아기!"

나는 볼이 빨개져서 "야, 너희들 자꾸 나 놀릴 거야!" 하며 때리는 시늉을 했고, 우리는 까르르 한바탕 신나게 웃었다.

그날부터였다. 엄마의 전화에 밝은 목소리로 웃으며 전화를 받게 된 것은!

EOP의 속사정

"신희정, EOP Violation!"

앗! 깜짝이야! 나는 화들짝 놀라서 주변을 둘러보았다. 나에게 'EOP 위반'을 외친 학생은 미안하다는 표정을 지으며 이미 저만치 걸어가고 있었다. 상황을 깨닫기까지 한참이 걸렸다.

"That's too bad. You're the pick of the day."

저런, 안됐다. 오늘 네가 딱 걸렸어.

옆에 있던 친구들이 위로를 해주었다. 악명 높은 EOP 위반에 오늘 내가 걸린 것이었다.

"No way! I just sighed in Korean!"

말도 안 돼! 난 그냥 한국말로 한숨소리를 냈을 뿐이야!

수업이 끝나고 나도 모르게 "휴, 힘들다……" 하며 중얼거렸을 뿐이었다. 하지만 소용이 없었다. 일단 EOP 위반자로 걸리면 돌이킬 수 없었다.

민사고 생활 2~3년 동안 EOP 위반에 걸리지 않는 학생은 단 한 명도 없다지만, 여기에는 은근히 피를 말리는 구석이 있었다. 도대체 언제 어디서 EOP 부서의 아이들이 튀어나올지 알 수가 없었다. 더구나 학생부장 선생님의 지령으로 그날 하루의 엑스맨으로 선정되어 몰래 EOP 위반자를 잡아내는 아이들도 있었다. 어제 나와 운동장에서 한국어로 수다를 떨었던 친구가 오늘은 엑스맨이 되어 나를 잡을 수도 있는 것이었다. '하루에 최소한 3명 이상을 잡아라, 5명 이상을 잡아라'는 식의 목표량이 있기 때문에 친구라 해도 봐주

● EOP(English Only Policy)

민사고는 국어와 국사를 제외한 수업과 학교의 일상생활에서 국제 공통 언어인 영어를 사용한다. 이러한 영어상용 정책은 일반적인 개념의 잉글리쉬 존English Zone과는 달리 교내 전 구역에서 영어상용을 요구하고 있다는 점에서 타 학교의 정책과 차별성을 가지고 있다. 이는 도구로써의 영어 습득에 그 목적이 있으며, 글로벌 리더Global Leader로서 갖추어야 할 기본적인 능력의 하나로 영어를 사용하는 의사소통의 완벽성을 추구하는 데 그 목적이 있다.

는 법이 없었다.

또한 한 번 EOP에 걸린 아이들은 위반자 3~5명을 잡고 난 후에야 EOP 벌칙에서 벗어나는 릴레이식이라서, 1명이 5명을 잡으면 5명은 25명을 잡아야 하고, 25명은 125명을 잡아야 했다. 이런 식으로 엑스맨이 기하급수적으로 불어나다 보니, 한때는 전교생의 절반 이상이 몽땅 엑스맨이 된 적도 있었다.

나는 풀이 죽어서 학생부장 선생님의 연구실로 향했다. EOP에 걸린 학생은 무조건 학생부장 황형주 선생님의 연구실로 가서 벌칙에 해당하는 영문 글을 받아와야 한다. 일주일 안에 그 글을 달달 외워서 황 선생님 앞에서 검사를 받아야 하는 것이다. 글은 대부분 19세기 초반에 쓰인 유명 정치인이나 사회학자의 연설문이었다. 고어로 가득해서 여러 번 반복해서 읽어도 무슨 뜻인지 모를 정도로 어려웠다. 나는 머리를 쥐어뜯고 싶었다.

민사고 학생들은 입학 후 학교생활에 적응하는 데에 가장 힘든 것이 무엇이냐고 하면 대부분 EOP 정책을 꼽는다. 나의 경우엔 초기에 워낙 말을 안 하고 조용히 살았기 때문에 EOP를 위반할 일이 별로 없었다. 하지만 이제 많은 친구들을 사귀고 점점 학교생활에 활발히 참여하면서 나에게도 EOP 위반은 남의 일 같지 않았다.

국제반 아이들은 대부분 영어를 사용하는 데 큰 어려움이 없기 때문에 EOP가 크게 불편하지 않을 거라고 생각하겠지만, 사실은 그렇지 않다. 우리 역시 일상생활 속에서는 한국어가 훨씬 편하다. 특히 자기도 모르게 불쑥 튀어나오는 한국말 감탄사는 막을 도리가 없었다.

저녁 6시 이후 기숙사 방 안에서는 마음껏 한국말로 떠들 수 있었기 때문에 저녁 6시 이후 기숙사로 돌아와 한국말을 뱉을 때면 숨통이 확 트이는 것 같았다.

"우리 너무 불쌍하지 않니? 꼭 일제시대 때 나랏말을 빼앗긴 조선 민족 같아!"

"그래, 우리에게 우리말을 돌리도!"

우리는 투덜투덜 EOP에 대해 농담 반 진담 반 불평을 하곤 했다. 하지만 우리가 민사고에 오고 싶어했던 여러 이유 중에 영어상용화 정책도 큰 이유였다. EOP 위반에 걸려 벌칙을 받는 일은 속상해도, 그래도 EOP가 실천되어야 하는 이유, 이 규칙을 잘 지켜서 더욱 정착시켜야 한다는 생각에는 다들 동의하고 있었다.

그래서 학생들끼리 어떻게 하면 좀더 영어상용화를 잘 지킬 수 있을지 의논을 하기도 했다. 자치부에서 내놓은 안은 매달 EOP 위반자가 가장 적은 반을 선정하여 간식 한 박스를 선물하는 것이었다. 산간벽지에 갇혀 사는 우리들에게 과자 같은 간식은 눈이 휘둥그레질 만한 빅뉴스감이었다. 모든 반이 탐을 내며 EOP를 잘 지키자며 결의를 다졌다. 이 아이디어로 EOP 위반자가 예전에 비해 30% 이상 줄었다고 한다.

사정이 이쯤 되니, 우리들 모두 시간이 흐르면서 EOP 위반에 대해 예전처럼 크게 속상해하지 않게 되었다. EOP는 민사고 학생이 된 이상 꼭 지켜야 하는 약속이었다. 위반해서는 안 되지만, 설혹 위반을 하더라도 그 벌칙을 달게 받고 생활 속에서 소화시키는 느긋함을 갖게 되었다. 처음에는 위반을 했다는 사실만으로 벌벌 떨었었는데, 이제는 당황하지 않고 억울해하지도 않는다. 심지어 더 이상의 EOP 위반자를 찾지 못해 발을 동동 구르는 엑스맨이 있으면 자청해서 잡혀주기도 한다.

"O.K. I will violate EOP for you."

알았어. 너를 위해서 내가 EOP를 위반할게.

"자, 나 지금 한국말 한다! 그러니까 나 잡아! O.K.?"

우리는 이렇게 상부상조하고 있다.

이번 학기부터 자치부의 결정으로 EOP 벌칙이 영문 연설 외우기에서 단어 외우기로 바뀌었다. 매주 단어를 업데이트하여 요일별로 페이퍼를 만들어 학생회장 선생님 방에 놓아둔다.

얼마 전 국제반 후배 한 명이 수요일 페이퍼를 들고 단어를 열심히 외우고 있었다.

"저런, 너 EOP 위반에 걸렸구나?"

내가 걱정을 하자 후배는 방긋 웃었다.

"아니요, 제 룸메이트가 엑스맨에 걸려서 수요일 날 제가 걸려주려고 미리 외우고 있는 거예요!"

"그렇구나. 호호호."

우리는 서로 바라보며 의미심장한 미소를 지었다. 서로 잡고 잡혀주는 EOP의 속사정을 선생님들은 알고 계실까?

작은 일에 더욱 무서운 민사고

민사고에서의 첫 모의고사에서 놀랄 일이 있었다.

윌리엄스 선생님께서 시험 감독을 들어오셨다. 시험은 세 섹션으로 나누어져 있으며 각각 시간제한이 따로 있고, 한 부분을 다 풀어도 시간이 채 끝나기 전에는 다른 것을 볼 수 없었다.

시험지에 집중해서 정신없이 문제를 풀고 있는데, 갑자기 날카로운 종이 찢는 소리가 들려왔다.

"찌이이익!"

모든 학생들이 깜짝 놀라서 소리가 들린 쪽을 쳐다보았다. 선생님이 화난 표정으로 두 동강 난 시험지를 바닥에 던지고 있고, 그 앞에 한 학생이 사색이 되어 앉아 있었다. 선생님이 그 학생의 시험지를 찢어버린 것이었다.

"You, go out! I don't need a student who doesn't keep the rules!"

나가거라! 원칙을 지키지 않는 학생은 필요 없다!

학생은 선생님께 잘못했다고, 처음이라서 잘 몰랐다고 했다. 하지만 선생님은 단호했다.

"분명히 시간이 되기 전에는 다음 부분으로 넘어가지 말라고 말했을 텐데! 너는 원칙을 어겼으니 이 시험에서 실격이야!"

학생은 당황해하며 강의실을 나갔다.

이 장면을 지켜보는데 내 가슴이 다 졸아들었다. 지금껏 많은 시험을 치르면서 이와 비슷한 경우를 여러 번 보았었다. 하지만 시험을 감독했던 선생님들은 대부분 가벼운 경고 정도로 넘어가곤 했었다.

"어허, 미리 보지 말라니까!"

"됐어. 시간 충분하니까 미리 보지 마."

대강 이 정도의 경고로 넘어갔던 것이다. 나 역시 은연중에 이것은 시험에 대한 불안감에서 나오는 가벼운 실수 정도라고 생각하고 있었다. 그런데 선생님이 이렇게 단호하게 대처할 줄은 꿈에도 몰랐다.

시험이 계속되면서 다른 반에서도 비슷한 일이 일어났다는 걸 알 수 있었다. 민사고는 거짓말, 부정행위, 불성실 등에는 용서가 없다더니 정말이었다.

나에게도 이런 일은 닥치고야 말았다. 어느 날 미술시간이었다. 그날은 안상준 선생님이 사정이 있으셔서 수업을 하지 못하시고, 대신 도서관에서 자습을 하라고 하셨다. 하지만 우리의 발걸음은 다른 곳으로 향했다. 대부분의 아이들이 도서관으로 갔지만 우리는 어차피 자습을 할 바에야 공부가 더 잘되는 곳으로 가는 게 좋다고 생각했던 것이다. 별 고민 없이 그렇게 했는데, 한 시간 후에 핸드폰이 울렸다. 미술선생님의 화난 목소리가 들려왔다.

"너희들 도서관에서 자습하라고 했더니 어디에 있는 거야?"

"예? 다산관 4층에서 공부하고 있는데요?"

"선생님한테 상의도 하지 않고 너희들 마음대로?"

우리는 즉시 선생님 앞으로 불려갔다. 처음에는 선생님이 좀 심하게 화를 내신다는 억울함이 있었지만, 곧 그 의미를 알 수 있었다.

"아무리 자습이라 해도 지금은 엄연히 미술시간이다. 선생이 수업시간에 자기 학생들이 어디에 있는지도 모른다는 게 말이 된다고 생각하니? 내가 도서관에서 공부하라고 말했고 너희들이 알겠다고 말한 순간, 그건 우리 사이에 약속이 이루어진 것이었어! 너희들은 그 약속을 일방적으로 어긴 거야!"

평소에 아이들을 끔찍이도 챙겨주시던 선생님이셨다. 길에서 보면 그 특유의 표정으로 상냥하게 웃어주시던 선생님이 이렇게 화를 내신 건 처음이었다.

이 일로 우리는 법정에 가서 벌점을 받았다. 작은 일이 얼마나 크고 무서운 일이 될 수도 있는지 깨닫는 계기가 됐다. 그때 법정에 소환된 다른 학생들도 대부분 작은 잘못 때문에 온 것이었다. 청소 불량, 아침운동 불참, 지각, EOP 위반, 통금시간 위반 등등…….

선생님들께서는 우리의 작은 잘못이 얼마나 중대한 결과를 불러올 수 있는지 지적해 주셨다.

"지금이야 작은 거짓말, 작은 불성실에 불과할지 모르겠지만, 너희들이 나중에 사회에 나가서 이 나라의 리더가 되어 똑같이 거짓말을 하고 불성실하게 행동한다면, 그 파급력은 사회 전체, 나라 전체에 미치게 된다. 알겠니?"

우리에겐 세상에 길들여져 알게 모르게 대수롭지 않게 생각하는 잘못된 가치관이 많이 있었다. 나만 해도 중학교 시절 아이들과 잘 어울리기 위해 일부러 점심시간에 무단외출을 한다던가, 자습시간에 떠드는 행동을 하였고, 이에 대해 크게 잘못되었다고 느끼지 않았었다.

민사고에서 살아남으려면 그 가치관들을 다 버려야 했다. 당연하다고 생각하는 모든 것들을 다시 생각해 보아야 했다.

이곳에서는 100% 내가 될 수 있어!

꼴찌가 될 것 같은 불안감에서 벗어나면서 또 하나의 목표, 즉 '친구를 많이 사귀자'는 목표 역시 자연스럽게 이루게 되었다.

두려움을 벗어던지고 마음의 문을 열면서 하나둘 친구들이 생기기 시작했다. 학기 초에 서로를 경계하며 공책조차 감추고 보여주지 않으려 했던 아이들이 이제는 서로 자유롭게 공책을 바꿔보기도 하고, 공부가 어렵다며 징징거리기도 했다. 심지어 성적에도 크게 신경을 쓰지 않는 것 같았다. 기대하는 만큼 성적이 나오지 않으면 속상해하고 더 노력하기는 했지만, 예전처럼 일등이 되어야 한다는 강박관념은 없었다. 또한 서로 등수를 비교하며 경쟁적으로 공부하는 모습도 사라졌다.

　나는 기숙사에서 함께 방을 쓰는 룸메이트, 그리고 호메이트 아이들과 많이 친해졌다. 우리는 이내 가족 이야기, 그동안 살아온 이야기를 나누는 친밀한 사이가 되었다. 나는 외국에서 살았던 이야기를 들려주었다. 텍사스주의 갤베스톤이라는 작은 섬에서 보낸 일곱 살 적 어린 시절, 영어를 몰라서 힘들었던 일, 그리고 욕실에서 목욕을 하고 있으면 창문 밖 바다에서 돌고래가 헤엄을 치며 솟구치던 그림 같은 풍경 등을 이야기해 주면 모두 눈을 반짝거리며 재미있게 들어주었다. 다들 하고 싶은 이야기가 산더미처럼 쌓여 있었다.

　"나는 캐나다에서 2년 동안 살았는데 집 전체를 커다란 나무가 에워싸고 있어서 아침에 일어나면 나무 향기가 코를 찌르곤 했어."

　"나는 스페인 여행이 제일 좋았어. 한번은 엄마 아빠하고 투우 경기장에 갔었는데, 정말 덩치가 집채만한 소가 뿔로 투우사 엉덩이를 찍어버리는 거야."

　우리는 이런 이야기에 빠져 한참 동안 정신없이 수다를 떨곤 했다. 그때 한 아이가 말했다.

　"와, 이런 얘기 밖에서는 한 번도 해본 적이 없어. 너희들한테 한 게 처음이야."

　다른 아이도 말했다.

　"정말, 이런 얘기 밖에서는 못 해봤는데……."

　모두 같은 생각을 하고 있었다. 이렇게 아무 걱정 없이 서로의 이야기를 할 수 있다는 게 꿈만 같았다. 나 역시 초등학교 시절 멋모르고 미국 얘기를 꺼냈다가 잘난 척하는 아이로 찍혀서 한동안 따돌림을 당했던 경험이 있기 때문이었다.

내가 자신감이 없고 내성적인 아이가 된 건 미국생활을 마치고 돌아온 초등학교 때부터였던 것 같다. 그때 나는 미국에서 살다온 아이라는 이유만으로 주목을 받았다. 정작 나 자신은 너무 어렸을 때 갔다왔기 때문에 그곳이 미국인지도 몰랐고 해외생활을 했다는 개념조차 없었다.

"야, 너 미국에서 살다 왔다며? 영어 좀 해봐! '저리 꺼져!'가 영어로 뭐야?"

나는 정말 궁금해서 묻는 줄 알고 열심히 대답을 했다.

"'Get lost' 라고 해."

그러자 그 아이가 내 얼굴에 대고 소리를 지르는 것이었다.

"야, 신희정! 겟 로스트!"

이런 식의 놀림을 여러 번 겪으면서, 미국에서 살다 왔다는 걸 알리는 게 학교생활에 아무런 도움이 되지 않는다는 걸 알게 되었다. 수업시간에 선생님이 나에게 영어 발음을 해보라고 시키실 때마다 아이들의 따가운 눈초리를 받아야 했고, 그럴 때면 확 도망치고 싶었다. 나는 점점 말수가 줄어들었고, 자신감도 없어졌다. 눈에 띄지 않는 아이가 되기 위해 늘 구석에 앉았고 걸을 때는 땅만 쳐다보았다.

공부를 잘하는 것도 아이들 사이에서는 그리 환영받는 일이 아니었다. 친구가 생겼다가도 버림을 받고, 가끔은 따돌림을 당하기도 하고……. 학교에 가기 싫을 정도로 심한 건 아니었고 대부분의 경우는 재미있게 보냈지만, 그래도 몇몇 일들은 어린 내 가슴에 큰 상처를 남겼다.

그래서 중학교에 올라가면서 나의 지상과제는 '눈에 띄지 말자'였다. 1학년 때 반장후보로 나가라고 선생님이 권하셨을 때에도 "선생님, 저는 튀지 않고 평범하게 살고 싶어요"라며 거부를 했다.

참 이상했다. 눈에 띄지 않는 방법은 적당히 공부하고, 가끔 선생님 말도 잘 안 듣고 뺀질거리는 것이었다. 그러면 다른 아이들과 똑같이 보여서 아무도 나에게 튄다고 말하지 않았다.

조금이라도 내가 다른 아이들과 다르다고 느껴질 때면, 나는 잔뜩 위축이 되어 몸을 숨기곤 했다. 그때는 혼자 지하철을 탔을 때 내 또래의 여학생들이 무리를 지어 떠들고 있는 모습만 보여도 얼른 옆 칸으로 옮겨가곤 했다.

그런데 민사고에서는 어떤 말이든 할 수 있었다. 미국 이야기이든 성적 이야기이든, 여기서는 아무런 왜곡 없이 있는 그대로 들어주고 받아주었다.

나는 예전의 모습과 달리 조금씩 말과 표현을 되찾기 시작했다. 초등학교 때 이후로 잃어버렸던 장난기도 돌아왔다. 한 달 만에 보는 엄마 아빠도 내가 예전보다 훨씬 말이 많아지고 밝아졌다고 좋아하셨다.

'이곳에서는 두려움 없이 100% 내가 될 수 있어!'

막혔던 하늘이 뻥 뚫리는 시원한 기분! 그건 온전히 내가 될 수 있는 자유의 기분이었다.

방학 때 새로운 사실 하나를 깨달았다. 어느 날 지하철에서 혼자 책을 읽고 있는데 예쁘게 차려 입은 대여섯 명의 여학생들이 우르르 탔다. 그들은 깔깔거리며 그들만의 언어로 재미있게 수다를 떨었다. 아마도 어딘가로 쇼핑을 가는 모양이었다.

'저렇게 친구들끼리 쇼핑을 가면 진짜 좋겠다.'

예전처럼 옆 칸으로 도망간다거나 어색함을 느끼지는 않았다. 이제는 교복을 입고 수다를 떨며 가는 친구들을 보면 이런 생각이 든다.

'저 아이들처럼, 나 역시 누구보다도 재미있는 고등학교 시절을 보내고 있어!'

그래봤자 고등학교일 뿐이야!

어느 날 경제시간에 선생님이 재미있는 말씀을 하셨다.

"우리 학교는 어떻게 보면 왕따 소굴이라고 할 수 있어. 너무 달라서 밖에서 딱 왕따 당하기 쉬운 아이들이 우리 학교에 오는 것이지."

정도의 차이는 있지만 우리 학교에 온 아이들은 성격이든 성적이든 재능이든, 혹은 살아온 환경이든, 다른 아이들과는 다른 뭔가를 하나씩 가졌기 때문일 것이다.

또 하루는 교감선생님이 이런 말씀을 하셨다.

"우리 학교 학생들의 가장 큰 문제점은 열등감입니다. 모두 뛰어난 아이들이 모여 있기에, 상대적으로 개개인은 자신이 제일 뒤쳐진다는 열등감에 시달리는 것입니다. 이 열등감을 떨치고 각자 자기 자신에 충실할 수 있게 될 때 학교생활이 재미있어질 것입니다."

꼭 내 경우를 꼬집어 말씀하시는 것 같았다.

두 분의 말씀을 종합해 보면 민사고 학생들은 열등감에 사로잡힌 왕따들이다. 다행인 것은, 여기서는 다들 튀기 때문에 튄다고 왕따를 당할 일은 없으며, 오히려 튀지 않는 사람이 이상해 보이는 이상한 현상이 일어난다는 것이다.

결코 둥글다고 말할 수 없는 아이들이 섞여 살면서, 우리는 점점 솔직해지고 여유로워졌다. 남들보다 더 위에 서려고 애를 쓰지도 않고, 더 튀려고 기를 쓰지도 않으며, '나는 나, 너는 너'임을 인정하고 받아들이게 되었다.

우열은 없었다. 단지 차이가 있을 뿐이었다. 우리는 굳이 동그라미가 되려고 애쓸 필요가 없었다. 네모는 네모대로, 세모는 세모대로, 그 차이를 인정하고 좋은 점을 배우면 되는 거니까!

나는 한참을 고민하고 자포자기 일보 직전까지 가서야 이 사실을 깨닫고 정신을 차렸다. 학교생활에 적응하고 한창 재미를 느낄 즈음 되니까, 이미 오래 전에 한 선배가 해주었던 말이 내게 꼭 필요한 말이었음을 깨닫게 되었다.

중학교 2학년 때 민사고에 갈 마음을 굳히고 2박 3일간의 민사고 체험캠프에 참가했을 때였다. 그때 나는 또 외톨박이가 되어 이 지겨운 캠프가 언제나 끝나 집에 돌아갈 수 있을까 하는 생각만 하고 있었다. 다른 아이들은 친한 친구들끼리 서너 명씩 함께 신청해서 캠프에 왔는데 나는 달랑 혼자였던 것이다. 선경이가 왔다는 걸 알긴 했지만 워낙 조가 떨어져 있어서 만날 수가 없었다.

그때 우리 조의 진행요원을 맡았던 2학년 선배 언니가 나를 많이 챙겨주었다. 내가 혼자 밥을 먹을 때면 꼭 내 옆에 식판을 들고 와서 함께 앉아주곤 했었다. 언니가 얼마나 고마웠는지 모른다. 그때 밥을 먹으면서 언니가 나에게 이런저런 좋은 이야기를 많이 해주었다.

"캠프 어때? 재미있니?"

"예……."

"아마 너무 기대하고 왔으면 재미없을 거야. 나도 그랬었거든."

"예……."

"민사고 들어오는 아이들이 다 천재 같지? 그런데 아니야. 진짜 평범한 아이들이야. 나도 나만 평범하고 다 천재인 줄 알았는데, 알고 보니 다 평범하더라고."

그때는 언니가 내 기를 살려주려고 그냥 하는 말인 줄 알았다.

"너무 많은 기대 갖지 말고 편하게 생각해. 민사고가 뭐 대단한 학교인 줄 아는데, 그래봤자 고등학교일 뿐이야!"

'그래봤자 고등학교일 뿐이야!'

내가 이 말을 새겨들었다면 처음 학교생활에 적응하기가 그렇게 어렵지는 않았을 것이다. 결국 너무 많은 기대와 욕심이 나를 힘들게 했던 것이다.

중간고사가 끝나고 6월로 접어들면서 국제반에 몇 명의 자퇴생이 나오기 시작했다. 교감선생님의 걱정처럼 상대적 열등감 때문에, 혹은 체질적으로 민사고가 추구하는 공부 방식이 맞지 않아서 학교를 떠날 수밖에 없는 아이들이 생겨났다. 하지만 그보다는 학교생활이 재미없고 실망스러워 떠나는 경우가 더 많았다.

특히 해외경험이 많은 아이들일수록 실망감이 큰 것 같았다. 해외에서 초등학교나 중학교를 다녔던 아이들은 그쪽 기준으로 좋은 학교를 기대하고 민사고에 왔기 때문에 다소 빡빡한 민사고의 커리큘럼을 답답하게 생각했다. 민사고가 아무리 입시 위주의 교육을 지양한다 해도, 미국이나 유럽의 고등학교처럼 그렇게 느슨할 수만은 없는 한국만의 사회 분위기가 있다. 아무리 최고의 학교라 해도, 민사고도 어차피 한국의 한 고등학교일 뿐이다. 때문에 미국의 명문고등학교인 초우트나 밀튼 아카데미를 기대하며 민사고에 온 아이들은 실망할 수밖에 없는 것이다. 다만 민사고가 훌륭한 것은, 그래도 그 테두리 안에서 최선을 다했고, 어느 정도는 그 틀을 깼다는 것이다.

1학년 한 해 동안 90명의 학생 중 10명이 학교를 떠나야 했다. 나는 그들이 실패했다고는 생각하지 않는다. 다만 민사고가 그들에게 맞지 않았을 뿐이다.

2

희정이의 독립편

무엇이든 할 수 있고,
어디든 갈 수 있어

나를 사랑해야 세상을 사랑할 수 있다

하고 싶은 거라면 꼭 해야만 한다

"엄마, 나 정말 꼴등 할지도 몰라. 너무 기대하지 마세요."

중간고사가 시작되기 전에 나는 부모님에게 여러 번 이 말씀을 드렸다. 미리 마음의 준비를 단단히 해두셔야 딸이 꼴등을 해도 놀라지 않으실 것 같아서였다.

이에 대해 엄마는 늘 똑같이 말씀하셨다.

"네가 열심히 했는데도 꼴등을 한다면 그건 어쩔 수 없지. 한 번쯤 꼴등을 해봐도 괜찮아."

아빠도 비슷한 말씀을 하셨다.

"사람이 어떻게 매번 일등만 하면서 살아. 가끔 꼴등도 하는 거지."

두 분은 어쩜 이렇게 내 성적에 대해 초연할 수 있을까? 내가 성적 때문에 노심초사해도 부모님은 늘 천하태평이었다.

중간고사를 앞두고 제일 걱정되는 과목은 화학이었다. 화학은 예비교육 기간부터 줄곧 나를 괴롭혀 온 과목이었다. 중학교 때 화학을 그리 못하는 편은 아니었는데 이상하게도 개념이해가 부족했다. 선생님도 교과서 순서대로 강의를 하시는 게 아니라 그날그날 주제가 달라지는 식이었기 때문에 적응하기가 힘들었다.

그러던 어느 날 도서관에서 우연히 미국 고등학교의 화학교과서를 발견하게 되었다. 『*Introduction to Chemistry*』란 책이었는데 분량이 700쪽에 이르고 글씨와 각종 그래프, 그림 등으로 빈틈없이 채워져 있었다. 더욱이 놀란 것은 우리나라 과학교과서와는 달리 문제도 풍부하게 제공되어 있어서 따로 문제집이나 참고서가 필요 없었다.

나는 이 책을 한 장 한 장 빠짐없이 읽기로 했다. 요령이 있는 아이라면 선생님이 강의한 부분만 골라서 읽었겠지만, 왠지 그렇게 하면 화학의 전체적인 맥락을 놓칠 것만 같았다.

'그래, 100일 동안 이 책을 다 읽자! 매일 조금씩 읽으면 언젠가는 다 읽겠지.'

적어도 하루에 1~2시간은 이 일에 매달려야 했다. 내가 사전만큼이나 두꺼운 책을 읽고 있자 아이들은 저마다 한 마디씩 했다.

"세상에! 너 이 책을 언제 다 읽을 생각이야?"

"그 책 좋아? 다 읽는 건 솔직히 오버다."

다른 아이들은 대부분 수업시간의 강의 내용을 외우고 실전문제를 푸는 방식으로 화학공부를 하고 있었다. 그런데 나는 두꺼운 책에 코를 박고 마치 소설책을 읽듯 넋을 잃은 채 책을 보고 있으니, 아이들이 보기에는 답답하고 이상한 모양이었다.

"너는 문제집을 안 푸니?"

함께 화학강의를 듣는 친구가 걱정스럽게 이렇게 물을 정도였다.

중간고사가 가까워오자, 그런 나의 공부 방식이 과연 옳은 것일까 하는 걱정이 들기 시작했다. 내게는 어려운 과목인 국어, 세계사 등도 마찬가지였다. 나는 문제집 푸는 것을 별로 좋아하지 않았다. 어렸을 때부터 모든 공부를 그렇게 통째로 책을 읽는 것으로 대신하려는 습성이 있었다. 융통성이 전혀 없는 공부 방식이라는 걸 알면서도, 성격 때문인지 고치기가 힘들었다.

"엄마, 문제집을 너무 안 풀었어. 정말 꼴등 할지도 몰라."

시험 전날 다시 한 번 엄마에게 겁을 먹었다. 그렇게 불안에 떨며 시험을 봤는데, 결과는 놀라웠다. 걱정했던 물리를 비롯해서 수학, 세계사, 국어 등등 전 과목이 모두 A였던 것이다. 꼴등을 할까봐 조마조마했는데 올A라니! 정말 이상한 일이었다. 민사고에 온 이후로 모든 아이들이 천재이고 나 혼자만 바보라는 생각에 괴로웠는데, 그 바보가 올A를 받은 것이었다.

첫 페이퍼에서 빵점을 받았던 세계사 역시 A였다. 간제 선생님은 그 이후로 나의 페이퍼에 늘 90점 이상을 주셨다. 그중 몇몇은 아주 훌륭하다며 칭찬까지 해주셨다. 시험 역시 교과서와 강의 필기, 그리고 관련된 역사책 등 읽기 위주로 준비를 했는데 성적이 좋았다.

어쩌면 나에게 가장 큰 문제는 지나친 걱정과 자신감 부족인지도 몰랐다. 만약 내가 불안에 떨며 울고 좌절했던 시간에 책을 더 읽었거나 친구들을 사귀는 데에 집중했었다면 학기 초의 시간이 훨씬 알차고 재미있었을 것이다. 괜한 걱정 때문에 그 많은 시간을 허비해 버렸다는 걸 그제야 깨달았다.

A로 가득 찬 성적표를 받고 나니, 희망이 몰려오기 시작했다.

'나도 하면 되겠구나! 이렇게 하면 되는구나!'

안개가 걷히면서 그동안 보이지 않던 길이 드러나는 것 같았다.

그 순간 새로운 목표 하나가 가슴속에 생겨났다. 이왕 첫 학기에 올 A를 받은 김에 고등학교 6학기 전체를 올A를 받아보면 어떨까?

당장 몇몇 과목이 걱정되었다. 에세이 숙제가 유난히 많은 영어와 국어, 그리고 세계사, 체육은 자신 있지만 음악과 미술은 타고난 재능이 그리 많지 않았다. 그럼에도 불구하고 3년 내내 올A를 받아보겠다는 목표는 매우 매력적으로 느껴졌다.

'해볼까? 할 수 있을까?'

꿈을 향해 노력하는 사람에는 두 가지 타입이 있는 것 같다. 하나는 이룰 수 있을 것 같아서 도전하는 사람이고, 다른 하나는 이룰 수 없더라도 도전하는 사람이다.

나의 경우는 첫번째였다. 나는 이기기 어려운 싸움 앞에서는 쉽게 좌절하고 어린아이처럼 징징거린다. 완벽주의자라서 실패를 감당하기 힘들어하는 편이었다. 민사고 역시 만약 승산이 없었다면 감히 도전도 못했을 것이다.

그에 비해 내 친구 선경이는 두번째 타입이었다. 선경이는 오히려 어려운 목표 앞에서 강해지는 아이였다. 무엇이든 절실히 원하면 되든 안 되든 끝까지 도전했다.

'아휴, 나는 왜 이렇게 소심할까? 왜 이렇게 비겁할까?'

이번에도 승산이 있으면 해보고, 아니면 그냥 포기한다는 선택 사이에서 갈등을 하고 있었다. 하지만 그것보다 더 중요한 것이 있었다. '할 수 있느냐, 할 수 없느냐' 보다 더 중요한 건 내가 그 목표를 얼마나 원하느냐 바로 그것이었다. 내가 이 목표를 이루지 못한다면, 분명히 크게 상처를 받을 것이다. 당장 다음 학기에라도 내 성적표에 B가 기록될 수 있었다. 그걸 생각하니 덜컥 겁이 났다. 하지만 그럼에도 불구하고 나는 그 목표를 원했다.

'Anything you can do, you do! Anything you want to do, you should do!'

할 수 있는 거라면 한다! 하고 싶은 거라면, 해야만 한다!

그날 이후로 나는 3년 올A의 목표를 잊어본 적이 없다.

너는 어른이야, 무슨 말이든 해도 돼!

영문학을 가르치시는 윌리엄스 선생님은 우리 학교의 여러 훌륭한 선생님들 중에서도 내가 제일 자랑하고 싶은 분이다.

60세가 넘은 나이이지만 선생님의 지친 모습을 한 번도 뵌 적이 없다. 늘 자상한 미소를 띠신 채 수업을 열정으로 가득 채우신다. 선생님 강의를 듣고 있다 보면 두 시간 수업이 회오리처럼 느껴질 정도다. 정확한 비유라고 할 수는 없지만, 「죽은 시인의 사회」의 키팅 선생님 같은 분이라고나 할까?

나는 선생님으로부터 교과서에서 얻을 수 없는 새로운 지식을 많이 배웠다. 선생님은 영문학자 한 명의 작품을 평가할 때에도 많은 시각이 있을 수 있으며, 사회적 · 역사적 · 계급적 · 문화적 차이에 따라 작품이나 작가의 삶이 왜곡될 수도 있고 미화될 수도 있음을 자주 지적하셨다.

그리고 우리에게 늘 다르게 생각하는 훈련을 많이 시키셨다. 에세이 숙제는 늘 쉽지 않았지만 하나씩 쓸 때마다 꼭 배우는 점이 있었다. 선생님은 그 많은 학생들의 에세이를 하나하나 꼼꼼히 읽으시고 한 문장 한 문장에 "왜 그렇게 생각하니?", "다르게 생각하는 방법은 없을까?" 하며 집요하게 질문을 던지셨기 때문이다. 처음에는 당황스러웠지만, 덕분에 더 깊이 생각하고 더 넓게 고민하는 계기가 되었다.

아무리 똑똑하다 해도 불과 16, 17세의 아이들이 써내는 에세이가 어른의 시각으로 보기에 완벽할 리가 없다. 나 역시 에세이를 쓰면서도 내 생각이 너무 단순하고 유치한 것 같아서 찢어버리고 싶은 적이 한두 번이 아니었다.

어느 날 선생님께 에세이를 제출하면서 자신이 없어서 이런 말씀을 드렸다.

"선생님, 제 글은 너무 보잘 것 없어요. 어린아이가 쓴 글같이 말이 안 되는 것 같아요."

그러자 선생님이 깜짝 놀란 표정으로 말씀하셨다.

"희정, 무슨 소리니? 너는 다 큰 어른이야. 네 생각이 어떠하든 너는 당당하게 말할 수 있어. 나는 절대로 네 생각을 판단하지 않아. 우리는 동등한 사이이고 나는 언제나 네 말에 귀를 기울일 거야."

선생님은 정말 그러셨다. 우리가 아무리 논리적으로 말이 안 되는 소리를 늘어놓아도 선생님은 늘 마음을 열고 귀를 기울여 주셨다. 그리고 그 안에서 우리가 몰랐던 우리들의 생각까지 찾아내셨다.

"졸업하면 그때부터는 사제지간이 아니라 친구가 되는 거니까 나를 미스터 윌리엄스라 부르지 말고 편하게 데니스라고 불러주렴."

실제로 졸업한 선배들이 가끔 학교에 찾아와 윌리엄스 선생님을 만날 때면 "하이, 데니스!"라며 악수하는 모습을 볼 수 있었다.

선생님은 삶에서도 틀을 깨는 모습을 실천하고 계셨다. 바로 작년에 너무나 예쁜 아이를 낳으신 것이다.

내가 고른 최고의 동아리 – 사랑의 해비타트

학교생활이 자리를 잡은 후, 슬슬 동아리활동을 시작해야겠다는 생각이 들었다. 교내에는 학생들이 자율적으로 조직한 다양한 동아리가 있었다. 사무침이라는 사물놀이 동아리, 밴드, 오케스트라 등등 여러 색깔의 음악 동아리가 있고 소프트볼, 국궁, 야구, 농구, 축구 등의 체육 동아리도 있었다. 학교 신문이나 체스, 우리말 토론부, 시사 토론부 등 두뇌운동이 필요한 동아리에도 참여해 보면 좋을 것 같았다.

하지만 딱히 '이거다!' 싶은 동아리는 없었다. 미국 대학에 원서를 쓸 때 좋은 인상을 주려면 활발한 동아리활동을 하나 정도는 해야 했다. 하지만 단지 그 이유로 별로 흥미도 없는 동아리에 구색 갖추기 식으로 들고 싶지는 않았다.

나는 정말 내가 좋아할 수 있는 동아리를 발견할 때까지 기다렸다. 이왕이면 내가 한 번도 경험해 보지 못한 것을 찾고 싶었다. 가능하다면 몸을 많이 움직이는 것으로, 그리고 사회봉사의 성격도 갖고 있는 것이면 금상첨화일 것 같았다.

어느 날 이런 나의 바람을 모두 충족시켜 주는 동아리를 찾았다. 바로 해비타트! 사랑의 집짓기 운동을 하는 동아리였다. 마침 3학년 선배가 동아리를 조직해 열심히 회원을 모집하는 중이었다. 나를 포함해서 15명 정도의 회원이 모였고, 우리는 공식활동에 들어갔다. 여름방학 때 춘천 '소망의 마을'의 사랑의 집짓기 현장에 투입되어

3일간 일을 하게 되었다.

현장에 도착해 보니, 다들 노란 조끼에 안전모를 쓰고 망치 하나만 들고서 우왕좌왕하고 있었다. 집짓기에 대해 전혀 아는 게 없는 초보들이 대부분이라서 뭐부터 해야 할지 알 수가 없었다.

생각보다 많은 사람들이 모여 있었다. 우리 같은 고등학생들도 있고 가족 단위의 참가자도 있는 것 같았다. 또 한 무리의 일본인들이 있었는데, 그들은 3일간의 봉사가 끝나면 「겨울연가」 촬영현장에 가볼 거라며 들떠 있었다. 그중 중년 아저씨 한 분은 거의 매년 여름마다 이 나라 저 나라를 돌아다니며 해비타트 봉사를 하고 있다며, 한국은 처음인데 분위기가 아주 화기애애하다며 좋아하셨다.

작업반장님이 등장해서 사람들을 나눠 일을 분류해 준 후에야 각자 자리를 잡고 일을 시작했다. 우리 학생들에게 배당된 일은 간단한 못질과 톱질 그리고 지붕을 만드는 일 등이었다. 혹시라도 일을 잘못해서 도와주기는커녕 피해가 될까봐 작업반장님 지시에 따라 신속하게 움직였다.

한나절 일하고 나니 벌써 반팔을 입은 팔뚝 아랫부분이 까맣게 그을려 라인이 생겼다. 땀이 비 오듯 떨어지고 허리가 아파왔지만 신이 났다. 처음 해보는 육체노동인데다가 다양한 사람들이 많이 와 있고, 또 좋은 일을 한다는 뿌듯함이 있었다.

해비타트 현장에서 또 한 가지 깨달은 것은, 우리는 무엇이든 할 수 있으며, 뭐든지 도전할 수 있는 어른이 되었다는 것이었다.

현장에는 부모님과 함께 봉사활동을 온 고등학생들도 있었다. 그 아이들을 보니, 만약 내가 민사고에 오지 않았다면 이렇게 학생들끼리 타지로 봉사활동을 올 수 있었을까 하는 생각이 들었다. 아마 아직도 매사에 부모님께 기대고 "나는 아직 학생이니까, 아직 어리니까, 부모님이 대신 해주시겠지"라고 생각했을 것이다.

하지만 우리는 멀리 떨어져 있는 만큼 스스로 할 일을 찾아냈고, 그 방법 역시 다소 시행착오를 겪더라도 우리끼리 찾아냈다.

해비타트 동아리 역시 탄생부터 성장, 진행 모두를 학생들의 힘으로 해냈다. 춘천지부에 참가 의지를 밝히고 그곳에 가는 교통편, 숙박 등을 알아낸 것도 우리들이었다.

'이제 우리도 스스로 할 수 있구나. 이제 더 이상 어린아이가 아니구나!'

처음 입학해서는 아침운동으로 검도를 할지 태권도를 할지조차 혼자 결정하지 못해 우물쭈물했던 내 모습이 떠올랐다. 학기 초에 선택과목을 결정할 때에도 대부분의 아이들이 "잠깐만요. 부모님께 전화해 보고요"했었는데, 지금은 모두들 스스로 알아서 결정하고 있다.

우리는 겨울방학에는 대부분의 해비타트 열혈 봉사자들이 하듯이 지구촌 프로그램에 참여하자고 의견을 모았다. 고등학생들끼리의 해외봉사라니! 그건 대담한 시도였다.

한국해비타트 본부에 우리의 뜻을 알리고 필리핀 현장으로 가라는 배정을 받았다. 우리가 받은 정보는 도착해야 하는 날짜와 필리핀 현장의 주소뿐이었다. 우리는 팀을 짜서 필요한 경비를 계산해 보고 비행기 예약, 현지 교통편 등 어른들의 힘을 빌리지 않고 모두 우리 힘으로 해냈다.

이 일에 있어서만큼은 왠지 부모님의 도움을 받으면 안 될 것 같았다. 부모님은 비행기표 정도는 사주겠다고 하셨지만, 내 힘으로 시작한 봉사인 만큼 경제적인 부분도 내 힘으로 하고 싶었다. 그래서 민사고 입학 때 수학경시대회 수상자의 자격으로 받게 된 장학금과 틈틈이 학교 여름캠프 도우미로 활동하며 받은 아르바이트비, 그리고 부모님께서 보태주신 돈을 합쳐 비행기표를 샀다.

필리핀에서는 총 열흘 동안 봉사를 했다. 춘천에서 한 번 해본 적이 있었기 때문에 이번에는 쉬울 거라고 생각했는데, 열대기후의 나라인 만큼 건축 방식도 다른 것 같았다. 첫날은 우리가 해야 할 일과 건축에 대한 교육을 받는 데에만 네 시간이 걸렸다.

봉사를 하는 것도 큰 기쁨이지만, 잘 몰랐던 필리핀에 대해 알게 되고 현지 사람들을 사귀는 것도 기대하지 않았던 즐거움이었다.

춘천에서는 16평짜리 집 네 채가 들어가는 건물 두 동을 지었었다. 그런데 필리핀의 경우는 워낙 가난한 나라여서인지 한 집에 할당된 공간이 가로 3미터, 세로 3미터에 불과했다. 더 놀라운 것은 그 좁은 집에 평균 4~5명의 가족이 함께 산다는 것이었다. 나로서는 상상도 할 수 없는 환경인데, 그럼에도 불구하고 현지 필리핀 사람들은 해비타트 덕분에 그 작은 집이나마 얻게 된 것에 대해 너무나 감사하고 있었다. 그들 역시 우리와 함께 구슬땀을 흘려가며 집을 지었다. 기초공사가 끝나고, 벽돌이 하나하나 쌓여 외벽이 완성되고, 지붕이 올라가기 시작했다. 자신이 살 집을 직접 짓는 기분은 어떨까? 게다가 지금까지 제대로 된 집이 없어 맨 하늘 아래 잠을 잔 날이 별을 헤아릴 만큼 많았다면?

해롤드 역시 자신이 살 집을 짓고 있다는 설렘에 부풀어 있던 필리핀 아이였다. 해롤드는 나와 파트너가 되어 늘 함께 움직였다. 우리는 생김새도 다르고 살아온 환경도 달랐지만, 나이가 같다는 공통점만으로도 마음의 문을 열 수 있었다. 물론 처음에는 서로 모르는 게 너무 많아서 핀트가 빗나가는 엉뚱한 질문만 해댔다.

"코리아에서 왔다고? 그럼 북한에서 왔니?"

이건 해롤드가 나에게 한 첫 질문이었다.

"너는 어느 고등학교에 다니니?"

이건 내가 한 철없는 질문이었다.

알고 보니 해롤드는 집을 짓기 위해 학교까지 포기했던 것이다. 해비타트가 짓는 집을 분양 받으려면 거주자 역시 공사에 일정시간 참여해야 하는데, 가족 중에 참여할 수 있는 사람이 해롤드 자신밖에 없기 때문이었다. 부모님과 할아버지, 동생들은 모두 돈벌이로 바쁘거나, 아프거나 혹은 너무 어렸다.

우리는 일하는 틈틈이 많은 이야기를 나누었다. 해롤드는 집만 완성되면 자기도 다시 공부를 시작할 거라고 힘주어 말했다. 그리고 힘들겠지만 대학에 가고 싶다는 말도 여러 번 했다. 돈을 많이 벌어서 지금 짓고 있는 집의 건축 자재비 원금만큼은 꼭 자기 힘으로 갚을 거라고 말할 때는 꽤 멋있어 보였다.

우리는 하루 일이 끝나면 공사장 한 켠에 있는 농구대에서 함께 농구도 했다. 둘이서 슛 게임을 하고 있으면 주변의 동네 꼬마들과 다른 봉사자들이 몰려와서 함께 팀을 나누어 아이스크림 내기 게임을 하기도 했다.

'정말 내가 동아리 하나는 제대로 골랐어! 너무 재미있어!'

3일째 되는 날에는 창문을 잘라내는 벽공사 작업도 도왔다. 작은 시멘트 같은 것을 나르는 작업인데 얼굴은 물론 온몸에 가루가 달라붙어서 온몸이 미치도록 따끔거렸다. 마스크나 보안안경도 없어서 평소 집을 짓는 분들이 얼마나 고생을 하는지 알 것 같았다.

열흘 동안 우리 팀은 주로 톱질을 하고 벽돌을 쌓고, 간단한 망치질을 하였다. 외벽이 올라가고 창문을 잘라 달았다. 이제 지붕이 올라갈 차례였는데, 열흘간의 일정이 끝나 한국으로 돌아올 때가 되고 말았다. 많이 아쉬웠다. 집이 완성되는 걸 못 본 것도 아쉽지만 해롤드와 헤어진다는 것이 몹시 아쉬웠다.

그동안 필리핀식 영어를 알아듣기 힘들어서 서로 이야기를 나누는 데에 어려움도 많았지만, 함께 호흡을 맞추며 노동을 한 열흘간의 시간이 말로 쌓은 우정보다도 더 진했다. 나는 해롤드에게 2학년 겨울방학 때에도 반드시 필리핀으로 봉사를 올 테니 그때 꼭 다시 만나자고 말했다. 그러자 해롤드가 고개를 저었다.

"아니야. 이제 여기는 오지 마. 여긴 우리가 다 지을 수 있어. 너는 더 어려운 나라에 가서 또 집을 지어야지."

그러더니 함께할 수 있어 기뻤다며 자신의 팔목에 차고 있던 농구 팔찌를 나에게 빼서 주는 것이었다. 언제나 팔목에서 빼지 않았던 그 귀한 농구 팔찌를 나에게 주다니! 나는 무엇을 줄까 하다가 손수건을 하나 사서 마스크 대신 사용하라고 해롤드에게 주었다. 필리핀은 물자가 귀해서 이런 마스크를 구하기가 힘들었다. 해롤드는 눈을 크게 뜨며 좋아했다.

"와, 너무 고맙다. 이 손수건 착용하고 우리 집을 튼튼하게 지을게! 이거 볼 때마다 네 생각이 날 거야!"

그렇게 해비타트 일정을 마치고 집으로 돌아왔다.

돌아오는 비행기 안에서, 내가 예전보다 더 강해지고 성숙해졌다는 걸 느꼈다. 사람을 한 단계 더 성장시키고 발전시키는 건 무엇일까? 그건 새로운 체험, 도전 그리고 새로운 사람과의 만남임이 분명하다.

지난 6월 6일 현충일은 학교에서 단체로 봉사활동을 하는 날이었는데, 우리 해비타트 동아리는 춘천 '소망의 마을' 현장으로 갔다. 근 1년 전에 우리가 못 하나씩 박으며 언제 다 지어질까 걱정했던 집들이 깨끗하게 완성되어 벌써 몇몇 가구가 입주하여 살고 있었다. 정말 감개가 무량했다.

그 옆에는 따로 두 채를 더 짓기 위한 기초공사가 한창이었다. 그 날 우리 회원들은 하루 종일 삽질만 했다. 네다섯 시간을 연이어 삽질만 하다 보니 '아, 삽질이란 이런 거군!' 하고 실감을 했다.

그후로 해비타트 후원 성금 모금운동도 벌였다. 그 결과 약 25만 원이 모여서 민사고 이름으로 춘천 해비타트 지회에 전달을 했다.

우리가 마음만 먹으면 뭐든 할 수 있고, 어디든 갈 수 있다!

해비타트 운동은 그렇게 쭉 계속되고 있다. 오는 겨울방학에는 다시 필리핀에 가서 해롤드가 살고 있는 집을 볼 수 있을까? 해롤드는 오지 말라고 했지만, 그새 어떻게 변했을지 친구의 안부가 몹시 궁금하다.

158cm의 농구부 주장

나는 운동을 무척 즐긴다. 내 모습을 본 사람들은 아무도 안 믿겠지만, 즐기는 것만 아니라 꽤 잘하는 편이다. 특히 공으로 하는 모든 운동, 예를 들면 농구, 축구, 테니스, 탁구, 야구 등등을 모두 좋아한다. 어려서부터 오빠를 따라다니며 열심히 뛰어논 덕분이다.

특히 농구는 한동안 농구선수가 꿈이었을 정도로 가장 좋아하는 구기종목이다. 그때는 누가 묻지 않아도 "나는 커서 농구선수가 될래요!"라는 말을 입에 달고 다녔었다. 내가 키가 작다는 사실을 인식하지 못할 때였다.

엄마는 '한동안 저러다 말겠지……' 하면서도 내가 좋아하는 농구를 실컷 할 수 있도록 최대한 지원을 해주셨다. 주말마다 안양시 청소년 수련장에서 벌어지는 농구교실에 데려다주셨고, 방학 때는 SBS 농구캠프에 참여할 수 있게 해주셨다. 아버지는 직접 오빠와 나를 데리고 농구경기가 벌어지는 잠실운동장 올스타전에 데려가주셨다.

그렇게 좋아했던 농구를 포기한 건 초등학교 5학년 때였다. 방학 중 농구캠프에 참가했는데, 내가 농구선수가 되고 싶어한다는 엄마 말에 코치선생님이 이렇게 말했던 것이다.

"글쎄요. 희정이는 키가 너무 작아서요."

나에게는 상당히 상처가 되는 말이었다. 그때는 하고 싶은 거라면 무조건 할 수 있다고 생각하던 나이여서 현실적으로 키나 체구에 대해서는 아무 생각도 안 하고 있었다. 선생님이 안 된다고 말하는 순간, 나는 현실을 깨달았고 곧바로 포기를 했다. 안 될 것 같으면 쉽게 포기하는 성격도 그때부터 시작된 것 같다.

하지만 그 이후로도 계속 운동을 즐겼다. 중학교 3학년 때에는 다음 날 수학경시대회가 있는데 반 대표 축구선수로 뽑혀서 결승전에 나가야 하는 상황이 되었다. 그때 엄마는 웬만하면 경시대회를 위해 경기에 나가지 않는 게 어떻겠냐고 하셨다. 현실적으로 축구경기를 치른 지친 몸으로 네 시간이나 걸리는 수학경시대회에서 좋은 기량을 발휘하긴 힘들기 때문이었다.

하지만 축구 결승전을 포기할 수가 없었다. 수학을 좋아하는 마음이 이성이라면, 운동을 좋아하는 마음은 본능이었다. 그래서 축구도 수학경시대회도 다 열심히 하겠다고 말씀드리고 두 대회에 모두 출전했다. 그해 우리 반은 축구대회에서 1위를 했고, 나는 안양시 수학경시대회에서 최선을 다해 입상을 했다.

민사고에 와서도 한가할 때면 체육관 농구골대 앞에서 혼자서 슛 놀이를 하면서 운동을 계속했다. 어느 날 체육시간에 자유시간이 주어져서 슛 놀이를 하고 있는데 검도선생님이 오셔서 같이 하자고 하셨다.

"음료수 내기 하자! 좋지?"

"예, 좋아요!"

아마 선생님은 나 같은 꼬맹이 소녀에게 질 것이라고는 상상조차 못 하셨을 것이다. 하지만 나는 그렇게 호락호락한 상대가 아니었다. 나에게 드리블을 몇 번 빼앗기고 나자 선생님은 무척 당황해하셨다. 결과는 10대 9. 나의 승리였다. 덕분에 시원한 음료수를 얻어 마실 수 있었다.

1학년 6월에는 태백에서 강원도민체전이 열려서 학생들이 모두 응원을 갔다. 마침 여자농구 결승전이 열리고 있었다. 재미있게 경기를 관람하는 사이, 우리들의 머릿속에 엉뚱한 생각이 떠올랐다.

'저 정도라면 우리도 할 수 있을 거야! 우리 민사고도 여자농구팀을 조직해서 도민체전에 참가해 보자!'

이 생각은 김선형 선배 등 여러 8기 선배들이 주축이 되어 실행에

옮겼다. 민사고에서는 동아리를 조직하는 게 그리 어려운 일이 아니다. 안내 보드에 공고문을 붙이고 교내 홈페이지를 통해 회원을 모집하면 된다. 지도교사 선생님께서는 우리가 자율적으로 활동할 수 있도록 지원해 주신다. 동아리가 얼마나 잘 운영되는가는 전적으로 우리가 얼마나 열심히 하느냐에 달려 있다.

공고를 내고 기다리자 한두 명씩 연락이 오기 시작했다. 처음에는 대여섯 명 정도의 적은 인원이었지만 매주 모여 흠뻑 땀을 흘리며 농구연습을 했다. 그후 점차 인원이 늘기 시작하더니 1년이 된 지금은 총 20명 정도의 팀원을 갖춘 어엿한 동아리가 되었다.

우리는 민사고 여자농구단의 이름을 '게임오버Game Over'라 지었다. 어떤 게임이든 우리가 시작하면 '끝내주겠다'는 의미다. 나는 외곽 슈팅 능력이 좋고 스피드가 빨라 슈팅 가드를 맡았다.

지난 6월 우리 팀은 결심했던 대로 강원도민체전에 참가했다. 여자농구팀은 세 팀이 출전했는데, 우리 팀은 제비뽑기를 잘 해서 부전승으로 단번에 결승에 진출하는 행운을 누렸다.

개막식이 끝나고 다른 두 팀의 준결승전(?)을 관람했다.

농구는 몸과 몸이 부딪치는 격한 경기이기 때문에 자칫 감정싸움과 몸싸움이 일어나기 쉽다. 그런데 두 팀이 경기를 하던 중 진짜로 싸움이 벌어졌다. 관중석에서 이 장면을 지켜보던 우리는 절대 감정을 앞세우지 말고 끝까지 최선을 다하자고 다짐했다.

다음 날 아주 터프한 경기가 될 거라며 마음을 단단히 먹고 출전을 했는데, 막상 시합에 돌입해 보니 우리 팀의 일방적인 주도로 이루어졌다. 점수 차이가 너무 벌어지자 상대편 팀에서 고의적으로 파울을 범하면서 분위기가 매우 험악해졌다. 하지만 우리는 관중들의 응원 속에 20대 7로 상대팀을 대파했다. 경기를 한 번밖에 안 하고 이뤄낸 우승이었지만 엄연한 'State Championship'이었다.

지도를 맡아주신 한만위 생물선생님과 특별 코치이신 김명순 체육선생님도 너무 기쁘셨던지 즉석 회식을 제안하셨다. 지금까지 김선형 선배가 농구부 주장으로 수고하셨는데 2학년 2학기가 되면서 주장 자리를 우리에게 물려주었고, 그 자리를 내가 맡게 되었다. 키가 158cm밖에 안 되는 마르고 작은 체구의 농구부 주장이라니!

하지만 민사고에서라면 그런 일도 가능한 것이다!

세계사 AP 4점

처음 입학했을 때 빵점짜리 페이퍼 점수를 받고는 눈물을 머금었는데, 지난 학기에는 세계사 과목에서 AP 4점을 받아 다시 한 번 고배를 마셔야 했다. 그런데 이상하게도 그 점수가 원망스럽지 않았다. 4점이란 점수를 확인하는 순간, 고개를 끄덕였다.

'맞아. 나는 4점이야. 이 점수가 맞아.'

사실 AP는 미국 대학의 '대학학점 선이수제'로 고등학교 교과목에 해당하는 것은 아니다. 하지만 과목의 연장선에서 AP에서도 모든 과목 5점 만점을 받고 싶었다. 3점만 받아도 교과목을 이수한 것으로 인정을 받기 때문에 크게 신경 쓸 필요 없었지만, 왠지 5점을 받고 싶은 욕심에 남들이 보기에 답답할 정도로 AP에 매달렸다.

4점을 확인하는 순간, "휴우~"하며 긴 한숨을 내쉬었다. 이걸로 성적에 대한 지나친 결벽주의를 어느 정도 버릴 수 있었다. 그동안 올A의 목표에 매달려 너무 아등바등 살아왔다. 늘 아버지가 하시는 말씀이 생각났다.

"어떻게 매번 잘할 수 있니? 못할 때도 있고 망칠 때도 있지."

● AP(Advanced Placement)

AP는 대학교 1학년 수준의 교과과정을 미리 공부해서 학점을 얻어놓는 제도이다. 각 과목 5점 만점에 3점만 넘으면 대부분의 대학교가 그 학점을 이수한 것으로 인정해 준다. 하지만 몇몇 명문대학교에서는 4점 이상을 요구하기도 하니 잘 알아두어야 한다.

민사고는 정규, 혹은 선택 수업으로 AP 과목을 공부하기 때문에 대부분의 학생들이 AP를 준비하는 셈이다. 그러나 대학에 들어감에 있어 AP가 꼭 필요한 것은 아니다. 안 봐도 상관없지만 보면 나쁠 것도 없는 것이 AP이다. 다만, 한국 학생들의 경우 초기 유학시절 적응하는 데에 많은 시간이 필요하기 때문에 미리 교양강좌의 학점을 이수해 놓으면 그만큼 시간을 벌어둔다는 장점이 있다. AP 과목은 무려 31개나 되는데, 민사고 학생들이 많이 선택하는 것은 수학, 화학, 미시경제, 거시경제, 유럽역사, 미국사, 통계학, 세계사, 물리, 생물 등이다.

AP시험은 매년 5월 2주에 걸쳐 시행된다. 이 시기를 놓치면 AP를 볼 기회가 없으므로 미리 날짜를 체크해 준비한 후 시험을 보는 지혜가 필요하다.

비록 4점을 받았지만, 간제 선생님의 세계사수업이 민사고에서 만난 그 수많은 새로운 지식의 세계 중에서도 가장 귀하고 값지게 느껴진다. 선생님은 훌륭한 교사이자 학자이며, 탁월한 역사 해석가라고 생각한다. 선생님은 단순한 역사적 사실에 본인만의 독특한 시각을 불어넣어 내가 전혀 생각하지 못했던 면을 보게 해주셨다.

중학교 시절에는 역사공부란 연대기를 외우는 행위에 불과하다고 생각했었다. 하지만 간제 선생님께 배운 이후로 역사는 이야기가 되었고 생명력을 가진 삶이 되었다. 한때는 역사가 너무 재미있어서 자연계가 아닌 인문계열로 대학 전공을 바꿀 생각까지 했었다. 만약 내가 물리에 이렇게 강렬한 매력을 느끼지 않았다면 아마도 그랬을 것이다.

나는 선생님께 배우는 것이 좋아서 늘 자주 찾아뵙고 이런저런 이야기를 나누고 질문도 드렸다. 대학에 진학하면 이런 교양과목을 접할 기회는 점점 줄어들 것 같아서 남은 시간이라도 더 많이 세계사 공부를 해두고 싶다. 그래서 최근에는 IR(Individual Research, 개별탐구학습)시간을 활용해서 선생님과 함께 프로젝트 스터디를 시작했다. 예전부터 많이 궁금했었던 '개화기(강화도 조약~1905)에 외국인들의 시각으로 본 조선'을 주제로 지금 관련 정보를 열심히 수집하는 중이다.

간제 선생님은 가르치는 반 아이들을 매달 한 번씩 교내 사택으로 초대하시는 것으로 유명하다. 선생님 댁에 가서 함께 스파게티, 리

조또, 샐러드 등을 요리하여 먹는 것도 내가 손꼽아 기다리는 큰 즐거움 중의 하나다. 선생님은 요리 재료 하나하나에도 역사학자다운 까다로운 미각과 시각을 갖고 계신다. 선생님은 우리가 맛있게 먹는 슬라이스 치즈에 대해 "이건 음식이 아니라 플라스틱이다!"라고 말씀하신 적이 있다. 또 코카콜라를 마시는 우리들에게 콜라 안에 들어가는 화학재료와 코카콜라사의 탄생, 성장의 역사에 대해 설명해 주시며 "콜라는 음료수라고 부를 수도 없는 화학물질"이라고 결론을 내리셨다.

식사가 끝나면 우리는 역사를 소재로 한 비디오 한 편을 감상한다. 선생님과 함께 있으면 모든 사물이 역사로 둔갑한다. 영화에 등장한 주인공이 입은 옷, 침실의 소품, 건축물의 구조 등등이 모두 저마다의 이야기를 갖고 있는 것이다. 그리고 그 이야기들은 서로 얽혀서 영향을 주고 지금도 계속 새로운 스토리를 만들어내고 있다.

미국 대학에서 지향하는 교육 목표 중 하나는 'know everything about something, and something about everything'이라고 한다. 이것은 '하나에 대해 모든 것을 알고, 모든 것에 대해 하나를 알자'는 것이다. 나에겐 간제 선생님의 수업이 그랬다. 지난 1년 6개월여의 수업을 통해 내가 세계사에 대해 알게 된 것은 내가 모르는 것이 너무 많다는 것이었다. 선생님께 많은 것을 배웠고, 그로부터 내가 몰랐던 것을 하나씩 찾아냈다. 그리고 매번 페이퍼 숙제를 하면서 그중 한 가지 주제에 대해서는 스스로 더 깊게 연구하고 파고

들었다. 지금 하고 있는 프로젝트 스터디 역시 하나를 파고드는 일이다. 아마 스터디를 마치고 나면 언제 어디서라도 내가 연구한 주제에 대해서는 내 의견을 자신 있게 말할 수 있을 것이다.

늘 힘이 되었던 엄마의 여고 사진

집을 떠나 민사고로 가기 전, 엄마는 나에게 두 가지 선물을 주셨다. 하나는 열흘 동안의 유럽 여행이었다. 엄마와 나 단둘이 떠난 여행으로, 엄마는 이 여행에 '이별여행'이라는 이름을 붙였다. 지금껏 품에 안고 돌봐왔던 딸을 이제 독립시켜 멀리 떠나보내기 위한 위로의 여행이었다.

엄마도 나도 난생 처음으로 아빠 없이 떠난 길이었는데 처음부터 순탄하지만은 않았다. 공항에 도착하자마자 소지품이 담긴 가방이 다른 여행객의 가방과 뒤바뀐 것이었다. 이 때문에 열흘 내내 우리는 관광하는 틈틈이 자잘한 소지품을 사고 몇 벌 안 되는 옷으로 버티는 불편을 겪어야 했다.

하지만 엄마와 나는 끊이지 않는 풍성한 대화로 그 불편함을 채울 수 있었다. 여행 중에 엄마는 남학생들 틈에서 의대를 다니던 시절과 오빠와 나를 낳고 힘들게 전문의와 전임의 공부를 해낸 이야기를 들려주셨다. 엄마는 의대 공부가 너무 힘들어서 젊음을 즐기지 못한 걸 많이 아쉬워하셨다. 나에게 "희정이 너는 공부도 열심히 하지만 삶을 즐기는 일에도 소홀히 하지 않는 사람이 되었으면 좋겠어"라고 여러 번 말씀하셨다.

여행에서 돌아와 민사고로 떠날 준비를 마쳤을 때, 엄마는 또 다른 선물 하나를 주셨다. 그것은 양 갈래로 단정하게 머리를 땋은 모습을 한 엄마의 여고 시절 사진이었다. 사진 속에서 엄마는 교복을 입고 수줍게 웃고 있었다. 기분이 묘했다. 마치 낯선 곳으로 떠나는 나에게 고교 시절의 엄마가 나타나 응원의 미소를 보내주는 것 같았다.

나는 그 사진을 책상 한 자리에 올려두었다. 학기 초 학교생활에 적응하지 못해 힘들 때면 하루에도 수십 번씩 그 사진을 보면서 마음의 안정을 찾곤 했었다.

'엄마가 나를 응원하고 있어. 조금만 더 힘을 내자!'

은연중에 고교 시절의 엄마와 대화를 나누기 시작했다. 힘든 일이 있을 때면 엄마의 사진을 보며 "엄마도 이렇게 힘들었어?"라고 묻기도 하고, "엄마, 나 지금 어쩌면 좋아?"하며 하소연도 했다. 그때마다 엄마는 늘 "괜찮아. 아무 걱정하지 마"하며 나에게 은은한 미소를 보냈다.

지금 멋진 소아정신과 전문의가 되어 아이들의 정신적 문제를 치료하고 계신 우리 엄마. 엄마에게도 한때 나처럼 꿈 많고 고민 많았던 여고 시절이 있었다. 사진 속의 엄마를 보면 내가 엄마를 많이 닮았다는 생각이 든다.

만약 내가 낭떠러지에서 떨어지려 한다면 친구들은 팔다리를 붙

잡고 떨어지지 않도록 붙잡아 줄 것이다. 그래도 떨어질 것 같으면, 친구들은 아무것도 하지 못하고 울기만 할 것이다. 하지만 엄마는 낭떠러지 밑에서 두 팔로 떨어지는 나를 받아줄 것이다. 그리고 상처 입은 나를 재우고 먹이며 치료해 줄 것이다. 나의 엄마니까!

엄마는 지금도 말씀하신다. 힘들면 언제든 돌아오라고. 너에겐 언제나 문이 열려 있는 따뜻한 집이 있다고.

바쁜 와중에도 주말이면 아빠와 함께 꼭 학교로 찾아와 휴게소에서 우동 한 그릇을 먹고 가셨던 엄마. 마찬가지로 아무리 바빠도 그 길만큼은 꼭 동행하겠다고 따라나섰던 아빠. 두 분이 없었으면 내가 민사고에서 이렇게 잘 해낼 수 있었을까?

한계를 깨뜨리자! – KYPT 우승

2학년 초 학교 게시판에 커다란 포스터 하나가 붙었다.

'The 5th Korean Young Physicists Tournament'

제5회 한국 청소년 물리 토너먼트

이것은 물리를 사랑하는 고등학생들이 참가하는 대회로 주어진 문제에 대해 오랜 시간 실험을 하여 발표를 하고 팀별로 서로 반론을 하며 물리 실력을 겨루는 대회다. 이 대회에서 이기면 국가대표 팀이 되어 국제청소년 물리토너먼트에 출전할 자격을 얻게 된다!

1학년 한 해를 돌이켜볼 때, 공부와 동아리활동 모두 열심히 하긴 했지만 대회에 도전해 본 적이 없다는 게 못내 아쉬웠다. 나는 중3 때 민사고 수학경시대회 수상자여서 입학과 동시에 계속 수학경시대회를 준비할 수 있는 선택권이 있었다. 선택을 하면 KMO(한국수학올림피아드)와 IMO(국제수학올림피아드) 등에 도전하며 수학 특기를 계속 살릴 수 있었다. 하지만 나는 하지 않기로 했다. 정확히 말하면 포기한 것이다.

초등학교 4학년 때부터 중학 시절 내내 학원에 다니며 수학경시대회에 참가했었다. 나는 수학이 정말 좋았고 잘하고 싶었다. 학교에서는 영어로 주목을 받았지만, 정말 내가 인정받고 싶었던 건 수학이었다. 하지만 열심히 하는 것에 비해 수상경력은 그리 좋지 못했다. 나는 정석 스타일의 수학자였다. 공식이 있고 정해진 틀이 있으면 자신 있게 문제를 풀지만, 창의력이 필요한 응용문제에서는 쉽게 헤매고 말았다. 그래서 창의력 문제 위주의 경시대회에서는 좋은 성적을 내지 못했던 것이다.

중학교 3학년 때 안양시 대회에서 은상을 타서 겨우 턱걸이로 도대회에 출전할 수 있었다. 하지만 결과는 탈락이었다. 내 목표는 도대회 금상이었는데 영 이룰 수 있을 것 같지 않았다.

"아무래도 나는 아닌가봐. 수학은 천재들이 하는 건가봐."

내가 이렇게 넋두리를 하자 학원의 한 선배가 말했다.

"천재들도 노력을 해. 너는 네가 정말 최선을 다했다고 생각하니?"

결국 문제는 노력 부족이었던 것이다. 안 될 것 같으니 또 포기하려고 구실을 만들고 있었던 것이다.

그래서 적어도 중학 시절 동안만큼은 끝까지 수학을 놓지 않기로 했다. 그 결과 여름에 민사고 수학경시대회 은상과 성균관대 수학경시대회 금상 수상을 이룰 수 있었다.

하지만 여기까지였다. 지금도 여전히 수학을 좋아하고 틈만 나면 수학문제를 푸는 것으로 스트레스를 해소하긴 하지만, 수학을 순수

● **KYPT**(한국 청소년 물리 토너먼트)

KYPT는 한국과학재단에서 지원하고 한국영재학회가 시행하고 있는 '과학영재기반조성사업비'의 세부 사업내용 중의 하나인 '청소년 물리 토너먼트' 사업으로 추진하는 것으로서, 이 행사를 통해 IYPT(국제청소년 물리토너먼트) 한국 대표팀이 선발된다. 고등학교부 금상, 은상, 동상을 받은 학생들은 국제대회(IYPT)에 참가를 위한 교육을 받을 자격을 가지며, 일정 교육을 받은 후에는 최종 선발 과정을 통해 대표팀을 확정한다. 구체적인 사항은 홈페이지를 참조하자. http://www.kypt.or.kr

● **KMO**(한국수학올림피아드)**와 IMO**(국제수학올림피아드)

KMO는 대한수학회가 주최하는 전국 규모의 수학경시대회로서 우리나라 수학 영재들의 발굴을 목적으로 하며 2차 시험에 합격한 학생에게는 IMO(국제수학올림피아드)에 한국 대표로 참가할 기회를 주는 중요한 대회이다.
KMO는 중학생부와 고등학생부로 나누어 출제되며, 출제 수준 및 내용은 중·고등학교 교육과정에 기본을 두지만 중학생부는 창의적 사고력을 평가할 수 있는 내용, 고등학생부는 국제수학올림피아드 수준의 창의적 사고력을 평가할 수 있는 내용이 출제된다. 구체적인 사항은 홈페이지를 참조하자. http://www.kms.or.kr

한 취미로 간직하기로 했다. 그리고 다른 세계로 눈을 넓히고 싶었다.

그래서 발견한 세계가 물리였다. 처음 입학했을 때 물리는 나를 지독히도 괴롭혔던 과목이었다. 하지만 그때 그 어려움을 넘기 위해 애써 읽었던 미국 대학 교제 한 권이 나를 물리 겁쟁이에서 물리 애호가로 바꾸어주었다.

'물리 토너먼트! 나가 보고 싶다!'

포스터를 보는 순간, 그동안 놓치고 있었던 대회 참가 욕구가 마구 치솟는 걸 느낄 수 있었다. 다른 학교보다는 덜하지만 민사고 역시 과학을 좋아하는 여학생의 수가 남학생에 비해 매우 적다. 남학생들은 여러 과학대회에 적극적으로 참가하는 데 비해 여학생들은 소극적인 편이다.

나는 물리를 잘하는 친구 김수경에게도 바람을 넣었다. 여학생들이 이런 대회에 너무 소극적인데 우리끼리라도 꼭 참여해 보자고 설득을 했다. 수경이도 같은 생각을 갖고 있었던지 좋은 생각이라며 해보자고 했다.

우리는 그날로 물리선생님께 참가 신청을 했다. 곧바로 팀이 짜여졌다. 다섯 명으로 구성된 팀 두 개가 조직되었고 그날부터 문제 해결의 실험에 들어갔다. 수경이가 포함된 팀의 이름은 '폴라리스 Polaris', 그리고 우리 팀의 이름은 '다크호스Dark Horse'였다.

8월 대회를 앞두고 학기 중에는 주로 기초자료 조사 활동을 했고 7월 방학부터 본격적으로 실험에 들어갔다. 우리의 지도교사 선생님이신 박광렬 선생님은 방학 중에도 매일 나오셔서 필요한 장비들을 구해주셨다. 대학교(KAIST)에도 직접 데리고 가셔서 실험실도 구경시켜 주시고, 함께 문제들을 고민해 주셨다.

실험은 생각했던 것보다 더 어려웠다. 물리학계에서 여전히 논란에 싸여 있는 14개의 난제를 실험하는 것인데, 어느 하나 답이 뚝 떨어지는 쉬운 문제는 없었다. 대회 자체가 모두 영어로 진행되기 때문에 어렵게 해결을 한다 해도 모든 실험과정을 영어로 발표해야 하는 어려움이 있었다.

'변압기, 혹은 여러 교류전자기 장치들은 작동시 윙윙거리는 소음을 낸다. 이 소음의 성질과 기원에 대해 조사하라.'

'수격작용의 메커니즘 뒤에 숨어 있는 파라미터를 결정하라. 이 문제는 나노기술을 통해 현대화되어 이용되어 왔다.'

'와인 병의 코르크 마개를 따면 삐걱거리는 소리와 함께 '뻥!'하며 코르크 마개가 빠진다. 이 소리들의 성질과 기원을 조사하라.'

우리는 각자 문제를 2,3개씩 나눠서 실험에 들어갔다. 어떤 문제는 아무리 해도 실마리가 나오지 않는 경우도 있었다. 하룻밤을 꼬박 새고도 아무런 소득이 없을 때에는 다 때려치우고 싶은 생각이 굴뚝같았다. 하지만 팀이기 때문에 그럴 수가 없었다. 나도 힘들지만 나머지 네 명 역시 힘든 와중에서 최선을 다하고 있기 때문이었다. 선생님께서도 "어려워야 재미있는 거지" 하시며 고민하고 생각하는 과정이 물리라고 격려해 주셨다.

특히 오동윤이라는 우리 팀 동기는 반복되는 실패와 하얗게 지샌 긴긴 밤들을 성실 하나로 버티고 있었다. 워낙 말이 없는 아이라서 힘들어도 내색조차 하지 않았고, 포기라는 걸 모르는 것 같았다.

동윤이가 문제 하나로 끙끙거리길 일주일. 나는 보다 못해 내일도 또 저 문제를 붙들고 있으면 그만하라고 말해야겠다고 생각했다. 대회는 하루하루 다가오는데 안 풀리는 문제만 붙들고 있을 수는 없기 때문이었다. 그런데 다음 날 실험실에 가보니 동윤이가 빨갛게 달아오른 토끼눈을 하고는 이렇게 말하는 것이었다.

"나 풀었어. 문제 해결했어!"

기어코 해내고야 만 것이다.

내가 맡은 세 문제 중에서 한 문제는 아무리 해도 결과가 나오지 않았다. 나는 우리 팀 캡틴인 최재빈에게 끙끙거리며 하소연했다.

"이 문제는 정말 가망이 없어. 난 모르겠어."

재빈이는 늘 긍정적이었다.

"계속 실험해. 하면 된단 말이야."

"되긴 뭐가 돼? 안 된단 말이야."

"믿어봐, 된다니깐."

재빈이는 그렇게 모든 팀원들을 격려하고 다독였다. 형수도 모든 실험을 마치 자기 일인양 열심히 도와주었고, 막내 은모도 우리가 챙기지 못한 점들까지 일일이 챙겨가며 열심히 도왔다. 정말 최고의 팀워크였다. 이렇게 며칠 실험을 계속하니 정말로 해답이 보이는 것이었다.

우리는 그렇게 성실하게 준비를 하고 대회에 나갔다. 소문에 의하면 대부분의 팀들이 실험은 대충하고 자료수집을 더 많이 한다고 하는데, 우리 팀은 다들 성실맨들이고, 답답할 정도의 외골수라서 뻔한 데이터 하나도 실험을 통해 증명되지 않으면 발표문 안에 넣지를 못했다.

마지막 날 밤에는 '전자기유체 역학' 문제를 놓고 고민하다가 기숙사에 살고 계시는 전동성 선생님 집까지 찾아갔다. 밤 11시였다. 선생님은 "자네들 지금 오면 어떡하나?" 하시면서도 자세히 설명해주셨고, 우리는 결국 밤을 새서 실험을 다시 했다.

대회는 수원에 있는 성균관대 캠퍼스에서 4일에 걸쳐 진행되었다. 예선전 내내 민사고의 폴라리스 팀과 인천과학고 팀이 엎치락뒤치락 1, 2위를 다투었다. 어느 팀보다도 열심히 준비했다고 자부한 우리 팀은 계속 3등이었다. 예선전 사흘 내내 3위를 벗어나지 못하자 마음이 불안해지기 시작했다. 그때 재빈이가 파이팅을 외쳤다.

"자, 끝까지 포기하지 말고 하는 거야! 우리에겐 우리만의 방식이 있어!"

3등으로 겨우 결승전에 올라갔는데 아직도 파이팅을 외칠 힘이 남아 있다니!

"3등이라고 기죽지 말자! 우리는 다크호스잖아! 결승전에서 최고를 보여주는 거야!"

나는 재빈이의 말에 힘을 얻었다. 마지막 결승전에서 우리가 발표해야 하는 문제는 회전하는 바퀴에 대한 것이었다.

'자전거의 바퀴살은 운동 중에 회전하지 않는 것처럼 보이거나, 혹은 반대 방향으로 회전하는 듯 보일 수 있다. 어떤 조건하에서 이런 현상이 일어나는지 조사하라.'

그리고 상대방 두 팀의 문제는 점성 액체 상태에서의 물방울의 생김새와 운동경로가 물방울의 크기와 어떤 관련이 있는지 밝혀내는 것과, 또 하나는 위에 소개한 변압기와 여러 전자교류장치들의 소음 문제였다.

다른 팀들은 이미 모든 준비가 다 되어서인지 일찍 숙소로 돌아간 듯했다. 하지만 우리 팀은 결승전이 벌어지기 전날에도 성균관대 실험실에서 세 개의 문제를 놓고 발표, 반박, 평론문을 만들며 늦은 밤까지 준비를 거듭했다.

결승의 날이 왔다. 떨리게도 부모님까지 와주셨다.

'침착해야지! 준비했던 대로만 한다면 분명히 우리가 우승을 할 거야!'

굉장한 날이었다. 세 팀의 발표문은 모두 정교했다. 3일간의 예선전 덕분인지 발표하는 스타일에서도 여유와 자신감이 있었다.

우리의 발표가 끝나고 상대팀으로부터 신랄한 반박이 왔지만, 우리 팀원들은 모두 핑퐁 쳐내듯이 멋지게 튕겨냈다. 상대팀들이 긴장을 하고, 심사위원들이 몸을 앞으로 기울이는 걸 알 수 있었다.

워낙 예선전에서 폴라리스 팀과 인천과학고 팀이 선전을 했기 때문에 우리 팀이 그런 저력을 발휘할 줄은 몰랐던 것이다.

마지막으로 내가 상대팀의 실험 결과에 반박하여 멋지게 펀치를 먹일 차례였다. 공교롭게도 내가 반박하는 팀은 민사고의 폴라리스 팀이었다. 수경이가 있는 팀을 반박한다는 것이 미안하긴 했지만, 그래도 승부의 세계는 냉정한 법!

나는 전날 밤 열심히 준비했던 반박 내용을 또박또박 힘주어 말했다. 대회장 가득 내 목소리가 울려 퍼졌다. 나도 내 목소리가 그렇게 힘 있고 우렁찰 줄은 미처 몰랐었다. 나의 반박에 폴라리스 팀은 확실한 답변을 하지 못했다. 순간 우리는 승리를 예감했다!

결승전의 결과가 발표되었다.

"민족사관고 다크호스 팀 우승!"

박수가 쏟아졌다. 꼭 영화의 한 장면을 보는 것 같았다.

시상식이 끝나고 한국물리학회의 김채옥 회장님이 말씀하셨다.

"오늘 결승전에서 정말 인상 깊은 학생 한 명을 발견했습니다. 저에게 딸이 셋이나 있는데, 네 번째 딸을 낳는다면 꼭 이 소녀와 같은 아이를 낳고 싶군요."

그러더니 "신희정 학생!" 하며 내 이름을 부르는 것이었다.

회장님은 나에게 기념이 되는 선물을 준비했다며 작은 상자를 내미셨다. 그것은 하늘거리는 너무나 예쁜 색깔의 스카프였다.

대회가 끝나고 부모님이 기쁜 얼굴로 나에게 뛰어오셨다.

"희정아, 네게 그런 모습이 있었다니, 엄마가 얼마나 깜짝 놀랐는지 몰라!"

"아빠 오늘 정말 감동했어. 민사고에서 희정이가 많이 컸구나!"

매사에 자신감이 없고, 안 될 것 같으면 쉽게 포기하고, 남 앞에서 쉽게 주눅이 들었던 작은 아이. 물론 그런 모습이 완전히 다 사라진 것은 아니다. 하지만 민사고에 다니고 있다는 사실, 포기를 모르는 씩씩한 친구들과 함께한다는 사실이 내게 용기를 주었다. 이제 무슨 일을 해도 예전처럼 쉽게 포기하지 않으리라. 포기하지 않는 꿈은 반드시 이루어진다는 걸, 내 눈으로 보았기 때문이다.

거울이 되어주는 친구들

수업을 통해서, 또는 책을 읽으면서 느끼고 배우는 것 못지않게 중요한 것은 함께 지내는 친구들 속에서 배우는 것이다. 미국의 유명한 저술가이자 사상가인 헨리 데이빗 소로도 명문 학교가 가진 가장 큰 장점은 질 좋은 수업이 아니라, 바로 그 속의 사람들이 만나서 이루어지는 질 좋은 사회라고 말했다.

민사고에 입학한 후 첫 조회시간에 교장선생님께서는 "KMLA family가 된 것을 진심으로 축하합니다"라고 말씀하셨다.

우리는 이곳에서 함께 생활하면서 KMLA(Korean Minjok Leadership Academy) family라는 우리들만의 사회를 이룬 것이다.

잘 모르는 사람들끼리 만나 어색하기만 하고, 우리가 정말 가족 같은 사이가 될 수 있을까 의심스러웠지만, 2년이 지난 지금은 서로의 다른 점을 받아들이고 서로에 대해 많은 것을 알고 이해하는 사이가 되었다. 친구들과 더 많은 시간을 함께 할수록 닮고 싶은 친구들이 하나둘씩 늘어난다.

국제반의 친구 황인혜는 리더십을 갖춘 멋진 친구다. 처음 보았을 때부터 남다른 리더십을 가진 아이라고 생각했었는데, 지난 2학년 1학기 때에 자치부위원장 활동을 하는 것을 지켜보니, 정말 눈부신 친구였다. 민사고가 '각계각층의 지도자 양성학교'라고 항상 강조하는 만큼 무엇이 리더일까 하고 많이 궁금해 했었는데, 이 친구를 보면 리더는 저런 면을 갖춘 사람을 말하는 것이 아닐까라는 생각이 들었다. 인혜는 공적인 일에서는 카리스마 있게 일하고, 친구들과 지낼 때는 재치만점의 분위기 메이커로 탈바꿈한다. 또한 선후배와 친구들과의 관계에 있어서도 센스만점이어서 누구나 인혜를 좋아한다. 반면에 나는 센스가 부족한 편이라서 인혜의 조언을 구할 때가 많다. "이런 친구와 이런 일이 있었는데 내가 사과해야 하는 걸까?", "내가 이런 일이 있어서 화가 나는데 그 친구에게 화를 내야 하는 걸까?" 이런 질문에 인혜는 늘 현명한 판단을 해주고 내게 힘을 준다. 고맙다고 말하면 환히 웃으며 어깨를 툭 친다.

"What are friends for!"

친구 좋다는 게 뭔데!

내 친구지만 참 멋진 아이다.

8기인 한유나 선배도 내가 닮고 싶은 사람 중의 하나다. 지금껏 유나 선배처럼 말을 잘하는 사람을 본 적이 없다. 말을 잘하는 사람 중에는 여러 유형이 있겠지만, 유나 선배의 스피치 실력은 설득력이 있고 군더더기가 없으며, 또 필요한 지식이 갖춰져 있어 깊이가 있다. 내가 1학년일 때 선배는 자치위원장 선거에 출마하여 각 방마다 돌아다니며 선거유세연설을 했었다. 그때 우리 방에 들어와서 자신이 꼭 자치위원이 되어야 하는 이유와 각오에 대해 열띠게 이야기하는 선배의 모습은 당당하고 힘차며 열정으로 가득해 보였다. 말을 잘하는 사람을 보고 감탄한 적은 많았지만, 나도 저 사람처럼 말을 잘하는 사람이 되고 싶다는 은근한 부러움과 각오를 갖게 한 사람은 유나 선배가 처음이었다.

때로는 친구들과 미래에 대해서 이야기하고 혼자 생각해 왔던 것들을 나누면서 사뭇 진지해지기도 한다.

"넌 나중에 뭐가 되고 싶다고 했지?"

"나는 나중에 검사가 되고 싶어. 그래서 정말 깨끗한 정치문화를 만들 거야. 절대 비리로 얼룩진 정치가는 되지 않을 거야."

"정말 이상하지? 처음에는 사람들이 다 순수했을 텐데, 왜 비리를 저지르는 정치가들이 많이 생길까?"

"그러게. 모든 사람들이 다 마음을 터놓고 솔직하게 산다면 좀더 행복한 사회가 될 텐데 말이야."

"우리 나중에 어른이 되어서 만나면 진짜 웃기겠다. 기대되는걸! 푸하하하."

항상 장난만 치고 웃고 떠들던 친구들에게서 진지한 모습을 볼 때면 저런 속 깊은 면도 있구나 하는 생각이 들면서 마음이 든든해진다.

공부가 아닌 다른 분야에서도 두각을 나타내는 친구들이 많다. 같은 반 친구인 성민이는 컴퓨터 그래픽에 뛰어나다. 학교 신문 디자인, 동아리 로고 디자인도 맡아서 척척 해주고, 친구들이 선거를 나갈 때에는 선거 포스터도 멋지게 만들어준다. 가끔은 공책도 예쁘게 디자인해서 직접 만들어 쓰기도 한다. 또 수경이는 연예인들을 좋아하는데, 특히 보아와 비의 열렬한 팬이다. 댄스파티 때 수경이가 무대에서 비의 춤을 출 때, 그 멋진 모습에 친구들 모두 환호성을 질렀다. 언제나 조용한 혜민이는 영화감독이 되는 것이 꿈이어서 친구들끼리 영화 동아리를 만들어 실제로 영화도 찍었으며, 이 영화가 민족제 때 학교에서 상영되기도 했다. 공부 말고도 각자 자신들의 세계에 푹 빠져 있는 친구들이 너무나 자랑스럽다.

졸업 20년 후, 동창회에서 다시 만날 날이 벌써부터 기대된다!

"친구들아! 고맙고, 사랑하고, 자랑스럽다. 영원히 너희들을 잊지 못할 거야!"

꼴찌 하면 어때? 우리에겐 잘하는 게 하나씩 있잖아!

민사고가 다른 학교와 크게 다른 점 중 하나는, 이곳에서는 성적으로 평가를 받는 아이들이 하나도 없다는 것이다. 중학교 시절을 생각해 보면 늘 꼬랑지에 성적표를 달고 다니는 기분에 휩싸였던 때가 한두 번이 아니었다.

한 아이가 전학을 오면 선생님이나 아이들이 수군거렸다.

"쟤 공부 엄청 잘한다며?"

"전에 있던 학교에서 전교 1등이었대!"

시험이 끝나고 친구 집에 놀러 가면 친구 엄마가 내게 이렇게 묻곤 했다.

"네가 희정이구나? 시험은 잘 봤니?"

성적, 등수……. 이런 것들이 한 아이를 평가하는 절대적인 기준이었다.

하지만 민사고에서는 이런 분위기가 전혀 없다. 내가 생각해도 신기한 일이 일어난 것이다. 1학년 1학기 초만 해도 서로의 성적에 신경을 곤두세우며 등수를 세어보곤 했는데, 시간이 지나면서 이런 건 전혀 중요하지 않다는 생각에 이르렀다. 공부는 누구를 이기기 위해서 하는 것이 아니다. 재미있어서, 좋아서, 혹은 한계를 넘기 위해서 등등 자기만의 기준으로 하는 것이다. 좋아하는 과목은 더 열심히 해서 1등을 하면 기분이 좋고, 특별히 흥미가 없는 과목이라도 내 기준에서 '10등 안에만 들자', 혹은 '수를 받자' 정도만 이루어도 기분이 좋은 것이다.

또한 문제 한두 개의 차이로 1등과 20등이 갈리는 민사고에서는 등수라는 게 아무 의미가 없다는 것도 알게 되었다. 물론 국내 대학에 진학하는 민족반 친구들의 경우에는 종합석차를 백분율로 환산하여 내신등급을 내야 하기 때문에 많이 속상하다고 한다. 교육부의 기준에 따르면 정말 우수한 학생들이 내신성적 6등급, 7등급을 받기 때문이다.

그래도 우리끼리는 이 속상함을 초월하고 있다. 성적표는 우리를 제대로 설명해 주지 못한다. 우리에겐 우리끼리 통하는 것이 따로 있다. 우리는 1등, 2등 혹은 꼴등이라는 성적이 아닌 '무엇을 잘하는 아이'로 불린다.

예를 들어, 나에 대해서 아이들은 어떻게 말할까? 처음에는 말 없고 조용한 아이로 통하던 내가 지금은 키는 작지만 농구를 잘하는 신기한 아이로 불린다. 모든 친구들이 저마다 '무엇을 제일 잘하는 아이'로 불리는 것이다. '봉사를 제일 잘하는 아이', 혹은 '그룹사운드에서 전자기타를 너무나 멋지게 치는 아이', '개량가야금을 누구보다도 잘 뜯는 아이'로 불린다.

이유는 민사고 아이들은 저마다 좋아하는 분야가 있고, 그 분야에서만큼은 너무나 열심히 노력하기 때문이다.

국제반 친구인 이우찬은 민사고 개교 이래 개그맨의 피가 가장 뜨겁게 흐르는 학생일 것이다. 우찬이는 천부적인 무대체질이라서 어떤 자리에서든 마이크를 잡고 신나게 놀 수 있는 아이다. 스스로 즐길 뿐만 아니라 모든 관중을 즐겁게 해주는 만능 엔터테이너로서 생김새 때문에 '느끼남', '로맨티스트'로 통하기도 하는데, 민족예술제 때에는 구혜민이 찍은 단편영화의 주인공으로 출연하여 그럴싸한 연기로 우리를 깜짝 놀라게 했었다. 또 지난 자치위원장 선거 때에는 선거에 출마하는 친구를 위해 찬조연설을 했었는데, 한복바지를 배꼽 위로 추켜올리고 슬리퍼를 들고 어슬렁거리며 걸어와서는 간제 선생님과 똑같은 말투로 연설을 하는 것이었다. 그는 진정한 민사고의 코미디언이다. 또 한편으로는 세계철학대회에 한국 대표로 나가서 상을 탄 의외의 모습도 갖고 있다.

혜민이는 평소에 말이 별로 없지만 영화 이야기만 나오면 얼굴에서 빛이 나는 아이다. 영화를 운명으로 생각하는 혜민이는 방학 때에도 다른 모든 기회를 포기하고 영화촬영장에 가서 인턴십을 할 정도로 적극적이다. 직접 영화동아리를 만들어 계속해서 단편영화를 찍고 있는 것으로 알고 있다.

이집트에 살다가 귀국하면서 민사고로 편입을 온 이윤진이라는 친구는 토종 한국인임이 분명한데도 불구하고 정말 이집트 미녀라고 착각할 정도로 대단한 미모의 소유자다. 미모만으로도 눈에 확 띄는데, 밸리댄스를 기가 막히게 잘 추는 개인기까지 갖추고 있다. 지난 크리스마스 파티 때는 윤진이의 밸리댄스가 하이라이트가 되었을 정도다. 명실공이 민사고 최고의 밸리댄서다.

모두들 어디 내놓아도 꿀리지 않을, 최고의 친구들이다.

멋진 베스트 스피커로 거듭나기

지난 2년간의 학교생활을 돌이켜보며 나의 가장 큰 변화는 무엇일까 생각해 보았다. 포기하지 않는 용기를 배운 것, 스스로 자기 일을 해내는 독립심을 배운 것, 혼자서 끙끙 앓지 않고 주변의 친구들, 선생님들에게 도움을 청하는 것 등등 너무나 많다. 특히 부끄러움을 많이 타던 내가 그래도 남들 앞에서 소리 내어 이야기하는 데 많이 익숙해졌다는 걸 빼놓을 수 없을 것이다.

중학교 때까지만 해도 수업시간에 선생님께 질문하는 일이 내게는 너무나 힘든 일이었다. 그 많은 아이들 앞에서 손을 들고 이야기를 하면 다들 나만 쳐다볼 것이 아닌가. 그래서 웬만한 궁금증은 참고 있다가 집에 돌아와 엄마 아빠에게 물어보았고, 그래도 풀리지 않는 경우에는 수업이 끝난 후에 선생님께 찾아가 1대1로 물어보았다. 좀 불편하긴 했지만, 아이들 앞에서 주목을 받고 떠는 것보다는 그편이 훨씬 나았다.

하지만 2년간의 민사고 생활로 인해, 이제 나는 두려움 없이 손을 들고 말할 수 있게 되었다. 특별히 노력한 것도 아닌데 저절로 그렇게 되었다. 그 이유는 모든 선생님들이 학생들의 질문을 반기고, 어떤 작은 질문에도 진지하게 대답해 주시기 때문이다. 두 시간 수업

동안 스무 명 반 아이들 모두가 스무 가지 질문을 던져도, 선생님은 전혀 귀찮아하지 않으시고 모든 질문을 소중하게 대우해 주신다. 이런 편안한 분위기가 있기 때문에 학생들은 궁금한 게 있으면 주저없이 손을 들고 자기 생각을 말하게 된 것이다.

특히 김정찬 선생님의 영시시간은 우리에게 생각할 시간, 말할 시간, 토론할 기회를 무궁무진 제공해 주었다. 선생님은 보헤미안의 영혼을 지닌 듯한, 긴 머리에 긴 수염을 기른 특이한 분이시다. 라이프스타일도 특이해서 햇볕이 좋은 봄에는 캠퍼스 나무기둥 사이에 해먹을 달아놓고 낮잠을 주무시는 모습을 심심치 않게 볼 수 있다. 선생님은 수업 역시 그렇게 자유롭고 독특하게 진행하신다. 우리는 영시 하나를 읽은 후 형식에 구애받지 않고 각자의 느낌을 마음대로 이야기한다. 중간 중간 선생님이 우리의 말에 대해 질문을 던지시는데, 그 질문에는 우리의 사고의 범위를 확장시키는 가공할 힘이 있다.

나는 학교행사 참여와 여러 동아리활동을 통해서도 말하기 실력을 천천히 쌓을 수 있었다.

1학년 겨울에 '모의유엔총회 The Model United Nations General Assembly' 참가자를 모집한다는 공고를 보고 재미있겠다 싶어 참가신청을 했다. 마침 내가 늘 좋아하고 존경해 왔던 한유나 선배가 UN 인권위원회의장을 맡는다는 이야기를 들었다. 참가 신청자들이 모여 제비뽑기로 대표국을 정했는데, 내가 뽑은 것은 수단Sudan이었다. 평소에 수단에 대해서 아는 것이 거의 없었고, 또 영향력이 있는 나라도 아니어서 큰 역할을 못할 것이라 생각했었다.

하지만 기획회의에서 유나 선배가 나를 보면서 이렇게 말하는 것이었다.

"올해는 수단이 굉장히 중요한 역할을 하게 될 거야."

나는 화들짝 놀라서 "왜요?"라고 물었다.

"몰랐니? 지금 수단에서 내전이 벌어져서 심각하잖아!"

그제야 기숙사로 돌아와서 수단이라는 나라에 대해 벼락치기로 공부를 했다. 모의유엔총회를 준비하기 위해서는 국제 정세에 대해 심도 있게 공부를 해야 한다는 걸 알 수 있었다.

나름대로 총회가 열리는 날까지 열심히 공부를 했는데, 막상 행사 당일 날 당황스러운 일이 벌어졌다.

나는 내전이 일어나서 많은 난민이 발생한 수단에 구호물품과 의료지원, 난민보호 등을 요청하는 짧막한 연설을 했다. 곧바로 유엔이 수단 정부에 지원을 할지 안 할지 표결이 이루어지기 때문에, 총회 진행 중에 각국 대표들에게 꼭 찬성 쪽에 표를 던져달라며 다급하게 쪽지를 보내야 했다. 모의유엔총회임에도 불구하고 정말 수단 대표라도 된 듯 절실한 기분이었다.

그때였다. 러시아 대표를 맡은 8기 선배가 일어서더니 반대 의견을 표하였다.

"수단 정부는 믿을 수가 없습니다. 지난 번 폭격사태도 수단 정부가 배후에 관련되었다는 정보가 있습니다. 유엔이 이런 테러국가에 지원을 할 수는 없습니다."

나는 엄청 당황했다. 이런 반대 의견이 제기될 줄은 전혀 상상하지 못했던 것이다. 하지만 얼굴이 빨개진 채 가만히 있을 수는 없었다. 지금 나는 수단을 대표하는 유엔대사였다. 이런 말을 그냥 듣고만 있어서는 안 되었다.

"의장님, 지금 러시아 대표가 아무런 근거 없이 저희 수단 정부를 비난하고 있습니다. 러시아 대표의 정중한 사과를 요구합니다!"

나도 모르게 목소리에 분노가 스며들어 있었다. 의장이 중재에 나섰고, 나는 다행히 러시아 대표의 사과를 받아낼 수 있었다.

나에게 이런 임기응변 실력이 있을 줄은 미처 몰랐다. 썩 마음에 들게 잘한 건 아니었지만, 그래도 당황스런 순간에 떨지 않고 침착하게 대처한 것에 스스로 기특한 생각이 들었다.

아직 내 자신이 훌륭한 스피커라고 말할 수는 없지만, 민사고에 온 이후로 내가 이런 면에서도 점점 발전하고 있다는 걸 느낄 수 있어 기분이 좋다. 스피치 능력은 사회에서 훌륭한 일, 의미 있는 일을 하고자 하는 사람이라면 반드시 갖춰야 할 부분이라고 생각한다. 말을 잘하지 않으면, 아무도 내 말을 들으려 하지 않을 것이기 때문이다. 질문과 토론이 자연스러운 수업시간, 표현력이 뛰어난 친구들과 선후배들, 그리고 스피치 실력을 다듬을 수 있는 여러 기회 등은 민사고 아이들이 누리는 또 하나의 행운이 아닐까 싶다.

Achieving Real Success

Abraham Lincoln said, "Always bear in mind that your own resolution to succeed is more important than any one thing." The influential German dramatist Bertolt Brecht asked "Why be a man when you can be a success?" Henry David Thoreau said, "Men are born to succeed, not fail." Ironically enough almost the whole of our effort is concentrated on achieving a successful life.

Unfortunately, one lives life only once and it's short. What is more one easily falls into delusions. Often the kind of success that turns a man's head leaves him facing the wrong direction. There are many kinds of success: financial success, academic success, marital success and so on. Yet, a real success probably not what you think. My definition of real success is to spend your life in your own way and, to be admired by those around you.

If your success is not your own terms, if it looks good to the world but does not feel good in your heart, it is not success at all. To be successful, one should have his philosophy of life and live by that philosophy. That is, a philosophy embracing the moral principles and values that the world shares.

(···omitted)

Artstotle said, "Man is by nature a political animal." He also added, "Without friends no one would choose to live, though he had all other goods." Indeed, men are born to live together. From the very nature of human lingers another desire, besides living one's own way: the desire for friendly human relationships. When this dessire is fulfilled success in your own terms attains perfection, or at least comes closer to completeness. What's living all about? It is going through ups and downs and sharing them with friends.

(···omitted)

There is no definite formula to success. Men become great only through their own means. Some people generally considered to have achieved tremendous success are Albert Einstein, J. D.

Rockefeller, Henry Ford, Abraham Lincoln, Charles Dickens, Benjamin Franklin, and Samuel L. Clemens. What do these people have in common? They were school dropouts. Nonetheless, this information does not tell you that you will succeed by failing in school-life. Merely imitating examples of successful people will not make you successful. I cannot give you a magical formula that will fit in every case, but here are some general means to achieve what I definced as real success. First, live true to your values. Never, ever forget your values in the narrow or conventional idea of what you should do or what you can do. Second, as the great American thinker Benjamin Franklin put it, "Love and be lov' d." Third always remember; the most important human endeavor is striving for morality in our actions. Our inner balance and our very existence depend on it. Only morality in our actions can give beauty and dignity to life. Above all, stop looking for success, but be a success. Success usually comes to those who are too busy to be looking for it.

진정한 성공이란?

아브라함 링컨은 "성공하겠다는 결심이야말로 무엇보다도 중요한 것임을 명심하라"고 말했다. 독일의 영향력 있는 드라마 작가인 베르톨트 브레히트는 "성공할 수 있다면 뭐 하러 사람이 되는가?"라고 말했다. 헨리 데이빗 소로우는 "인간은 실패가 아닌, 성공을 위해 태어난다"고 말했다. 아이러니하게도 우리 노력의 거의 대부분이 성공적인 삶을 이루는 데에 집중되어 있다.

불행하게도, 인생은 단 한 번뿐이고 짧게 끝난다. 게다가 인간은 쉽게 착각에 빠진다. 성공이라 생각했지만 정신을 차려보면 엉뚱한 방향을 보고 있는 것이다. 성공에는 금전적 성공, 학업에서의 성공, 결혼에서의 성공 등 여러 종류가 있다. 하지만 진정한 성공은 우리가 생각하는 것과 다를 수 있다. 진정한 성공에 대한 나의 정의는 '인생을 자신의 방식으로 사는 것', '주위 사람들에게 존경을 받는 것'이다.

만약 성공을 했다 해도 그것이 자신의 생각과 다르다면, 즉 세상에는 좋아 보일지 모르지만 당신 자신에게 좋지 않다면, 그것은 성공이 아니다. 성공하기 위해서는 자신만의 인생철학을 가지고 그에 합당하게 살아야 한다. 물론 그 철학은 세상과 공유할 수 있는 도덕적 원칙과 가치관을 포용하는 것이어야 한다.

(중략)

아리스토텔레스는 "인간은 천성적으로 정치적 동물"이라고 말했다. 그는 또한 이렇게 덧붙였다. "친구가 없다면, 좋은 것을 다 가졌다 해도 아무도 살고 싶지 않을 것이다." 실제로, 인간은 함께 살도록 만들어졌다. 자신의 방식으로 사는 것 이외에도 인간의 본성에는 또 다른 욕망이 꿈틀거린다. 그것은 친밀한 인간관계에 대한 욕망이다. 이 욕망이 채워질 때에야 '자신의 방식에 따른 성공' 역시 완벽함을 얻게 된다. 혹은 적어도 완전함에 가까워진다. 삶이라는 게 결국 무엇인가? 그것은 친구들과 좋은 때와 힘든 때를 함께 겪으며 나누는 것이다.

(중략)

성공에는 명확한 공식이 없다. 인간은 오로지 자신의 방식을 통해 성공한다. 알버트 아인슈타인, J. D. 록펠러, 헨리 포드, 아브라함 링컨, 찰스 디킨스, 벤자민 프랭클린, 새뮤얼 L. 클레멘스 등은 어마어마한 성공을 이뤄낸 사람들로 여겨진다. 이들의 공통점이 무엇이던가? 이들은 모두 학교에서 낙제를 했었다. 하지만 그렇다고 학교생활에 실패를 해야 성공한다고 말할 수는 없다. 성공한 사람들의 선례를 모방한다고 해서 절대로 성공할 수는 없는 것이다. 이처럼 모든 경우에 적용되는 마술 같은 공식은 없다. 하지만 내가 정의를 내린 '진정한 성공'을 이뤄내는 데에는 일반적인 방법이 있다. 첫째, 자신의 가치에 충실하게 사는 것이다. 해야만 하는 것, 할 수 있는 것이라는 좁은 틀에 치우쳐서 자신의 가치관을 잊어서는 안 된다. 둘째, 미국의 위대한 사상가 벤자민 프랭클린이 쓴 글처럼 '사랑하고 사랑받는 것'이다. 셋째, 인간이 노력해야 하는 가장 중요한 것은 행동 속에서 도덕을 열심히 실천하는 것이다. 우리의 내면의 균형과 존재 자체가 그것에 달려 있기 때문이다. 오직 도덕이 행동으로 실현될 때에 인생에 아름다움과 위엄이 더해진다. 무엇보다도 성공을 찾지 말고 성공 그 자체가 되자. 성공은 대개 너무 바빠서 그걸 찾을 시간도 없는 사람에게 오는 법이다.

3

희정이의 민사고 준비기

미래는 꿈을 가진
자의 것이다

꿈은 반드시 이루어진다

민사고의 꿈을 심어주신 부모님

내가 민사고에 대해 처음 알게 된 것은 중학교 1학년 때였다. 어느 날 설악산 여행을 다녀오신 부모님이 내게 말씀하셨다.

"희정아, 강원도에 민족사관고등학교라는 학교가 있는데 정말 좋더구나. 엄마 아빠는 네가 그 학교에 갔으면 좋겠어."

두 분은 그 학교가 교복으로 한복을 입고 가야금을 가르치는 등 전통을 중시하며, 동시에 모든 수업에서 영어를 사용할 정도로 국제화된 마인드를 갖춰다는 점에 높은 점수를 주셨다.

"희정아, 그 학교에 가면 넓은 공부, 깊은 공부를 할 수 있어. 학생 수가 적기 때문에 그만큼 교육의 질도 높을 거야."

그리고 보니 TV를 통해 들은 기억이 났다. 국제반 전원을 하버드,

예일, 코넬, 유펜 등의 쟁쟁한 미국 대학에 합격시켰다는 뉴스가 크게 보도된 적이 있었다. 그때 그 뉴스를 보며, 나도 저런 고등학교에 가서 유학을 갈 수 있을까 하는 막연한 생각을 잠시 했었다.

하지만 자신이 없었다. 그 학교는 천재들만 가는 학교라고 들었는데, 나는 천재가 아니었다.

"엄마 아빠, 내 공부는 내가 할게. 너무 기대하지 마세요."

엄마 아빠는 나에게 선택을 제시하실 뿐, 더 이상의 말씀은 하지 않으셨다.

하지만 그 이후로 계속 민사고가 신경이 쓰였다. 당시 나는 한 종합학원의 수학경시반에 다니고 있었는데, 그 학원은 그 지역에서 민사고 합격생을 가장 많이 배출하기로 유명한 학원이었다. 중학교 1학년이 되자 경시반의 여러 친구들도 민사반으로 반을 바꾸었다. 오래 다니면서 얼굴을 익혀 친해진 언니 오빠들도 민사고 준비에 열을 올리기 시작했다.

"희정아, 너는 민사반으로 바꾸지 않니?"

많은 친구들이 이렇게 물었다. 하지만 나는 아직 결정을 내릴 수가 없었다. 수학경시반에 다니는 지금 그대로가 좋았다. 어려서부터 영어는 따로 공부하지 않고 책과 영화를 통해 익혀왔기 때문에 점수 올리기 위주의 학원 스타일에는 잘 맞지 않는 것 같았다.

그렇게 민사고를 준비하는 것도 아니고 안 하는 것도 아닌 어정쩡한 상태로 중학교 1학년을 보냈다. 2학년에 올라가자 아무래도 토플 준비를 시작해야 할 것 같았다. 꼭 민사고에 가야겠다는 결심이 있어서가 아니라 나중에 가고 싶은 순간이 닥쳐왔을 때 토플 때문에 포기하는 일은 없어야 한다는 생각 때문이었다.

2학년 7월에 처음으로 토플시험을 치렀다. 결과는 190점. 민사고 국제계열의 지원 자격기준이 토플 260점이라고 들었기 때문에 많이 실망을 했다. 무려 70점이나 뒤쳐진 점수였다.

그때 이미 국제계열을 준비하고 있는 2학년 친구들은 240~250점을 넘기고 있었다. 이미 지원 자격 점수인 260점을 넘긴 아이도 있었다. 엄마는 민사반으로 옮기고 싶으면 언제든 그렇게 하라고 말씀하셨지만, 왠지 혼자 해보고 싶었다. 혼자 토플 준비를 해서 270점까지 올리고 싶었다.

어느 순간 생각해 보니, 민사고에 갔으면 좋겠다는 엄마와 아빠의 바람에 나도 서서히 동화되고 있는 것을 알 수 있었다. 두 분이 그 길을 제시해 주지 않았다면 내 관심이 그곳에 쏠리는 일도 없었을 것이다. 나는 이렇게 부모님이 밝혀주는 등대를 좇아가고 있었다.

늦게 시작한다고 기죽지 말자

어느 날 우리 학교 벽보에 포스터 하나가 붙었다.

'민사고 체험캠프. 2박 3일간 민사고의 학생이 되어보십시오!'

그렇지 않아도 좀더 적극적으로 민사고에 대해 생각해 보아야 할 때가 다가오고 있었다. 지금껏 이도 저도 아닌 상태로 너무 오랜 시간을 흘려보낸 것 같았다. 부모님의 인도로 민사고에 대해 많이 끌리게 된 것은 사실이었지만, 아직까지 그 학교에 가고 싶다는 확실한 동기부여가 이루어진 것은 아니었다. 나는 이번 캠프에서만큼은 그 동기를 찾고 싶었다.

물론 2박 3일 동안의 캠프를 통해 민사고의 모든 것을 알 수는 없었다. 하지만 한복으로 된 예쁜 교복을 입은 선배들의 의젓한 모습과 15~20명이 전부인 토론식 수업의 체험은 내게 깊은 인상을 주었다. 캠프 내내 친구를 사귀지 못해 힘들었지만, 그래도 의미 있는 시간이었다.

내게 가장 깊은 인상을 남긴 것은 행사 가이드로 자원봉사를 하는 재학생들의 모습이었다.

그들은 행동 하나하나, 말투 하나하나가 모두 어른스러웠다. 불과 나와 2, 3살 차이밖에 안 나는 사람들인데 어떻게 저렇게 의젓할까? 민사고가 대체 어떤 학교이기에 학생 한 명 한 명을 저렇게 빛나게 키워내는 걸까? 캠프가 끝날 즈음, 나는 기왕 가야 하는 고등학교라면 한국 최고의 학교로 불리는 민사고에서 지내는 것이 내 인생에 매우 큰 의미가 있을 것이라는 생각이 들었다.

집으로 돌아온 후 민사고에 대해 좀더 진지하게 연구하기 시작했다. 민사고에 들어가려면 우선 지원 자격을 충족해야 했다. 내신성적이 최소 1학기에 상위 5% 안에 들어야 하고, 또 토플성적이 민족반의 경우 220점, 국제반은 260점이 넘어야 했다. 더구나 토플성적은 지원 자격으로 쓰일 뿐만 아니라 합격 여부를 가리는 요인이기도 했다. 다시 말해서, 토플점수가 높으면 높을수록 합격 가능성도 높아진다는 것이었다. 그러니 토플성적으로 어필하려면 국제반 지원자의 경우 270점 정도는 되어야 했다. 학원에서도 대부분의 지원자들이 270점이 넘으므로 이 정도 점수는 확보해야 한다고 말했다.

여기에 면접시험을 대비한 전공과목도 준비해야 했다. 면접은 영어는 공통이고 각 계열마다 전공과목이 있어 선택하게 되어 있었다. 나는 이왕 민사고에 갈 바에야 미국 대학을 목표로 하는 국제반에 지원하고, 그동안 꾸준히 수학경시대회 준비를 해온 만큼 전공을 수학으로 잡기로 했다.

다행히 내신은 이미 지원 자격을 갖춰놓은 상태였다. 토플도 다른 아이들이 하는 것처럼 학원 공부를 충실히 해온 것은 아니었지만 나름대로 비디오와 교재를 통해 기본 공부는 해두고 있었다. 만약 내가 이런 기본 준비를 해놓지 않았다면 아무리 민사고에 갈 동기부여가 되었다 하더라도 합격을 기대하기는 힘들었을 것이다. 민사고 공부를 늦게 시작한다고 해서 전혀 기죽을 필요는 없지만, 시작은 늦더라도 늘 준비는 되어 있어야 한다.

주변을 돌아보면, 초등학교 4, 5학년 때부터 전략적으로 민사고를 준비해 온 아이들이 많다. 또 한편으로는 중학교 1, 2학년 때, 심하면 3학년 때 갑자기 민사고에 빠져 저돌적으로 공부를 시작하는 아이들도 많이 있다. 둘 중 어느 쪽이 옳거나 그르다고 말할 수는 없다. 일찍 시작한 아이들은 그만큼 차근차근 단계적으로 준비할 수 있기 때문에 여유가 있긴 하지만 거의 대부분 부모님의 희망사항으로 민사고 준비를 시작했기 때문에 왜 그 학교에 가야 하는지 스스로 목적의식을 갖고 있지는 않은 듯하다. 반면에 늦게 시작한 아이들은 시간적으로 쫓기는 면이 있긴 하지만 본인이 직접 꿈을 발견하고 찾은 것이기 때문에 의지와 의욕은 더 강하다. 다만 내신, 기본 이상의 영어 실력, 기본 이상의 전공 실력 등이 마련되어 있지 않으면 시도를 해보기도 전에 포기해야 할 것이다. 그래서 초등학교 때부터 가능성을 열어두고 최고 클래스의 공부를 계속 이어 나가야 한다는 것이 내 생각이다.

실전을 통해 토플 실력을 쌓다

민사고 체험캠프에서 만난 대부분의 아이들은 초등학교 5, 6학년 때부터 민사고를 가기 위해 열심히 준비해 온 아이들이었다. 토플점수도 대부분 230~250점을 받고 있었다.

당시 나는 겨우 190점의 첫 토플성적을 받고 풀이 죽어 있던 때였다. 캠프를 마치고 집으로 돌아온 후 우선 토플성적부터 바로잡기로 했다.

나는 서점으로 달려가 토플교재를 샀다. 종류가 너무 많아서 선택이 힘들었지만, 사람들이 제일 많이 선택한다는 『해커스 토플』, 『파라곤스 토플』, 『알투스 토플』 등이 좋아 보였다. 문법Structure, 청취Listening, 독해Reading, 쓰기Writing 등 분야별로 교재 한 권씩을 사서 집으로 돌아왔다.

매일 조금씩 정해진 분량을 공부했다. 토플 구조와 문제 유형에 어느 정도 익숙해진 후, 9월에 두번째 토플시험을 보았다. 점수는 230점이었다.

'아, 이렇게 계속 보면 오르겠구나. 나에게도 희망이 있구나!'

그후 한두 달 간격으로 계속 토플시험을 보았다. 재미있게도 볼 때마다 조금씩 성적이 올랐다. 240, 250, 260……. 어느새 지원 자격을 획득한 것이었다.

3학년 5월에 나의 토플점수는 270점이 되었다. 그후 6월에 다시 본 시험도 270점이었다. 마음 같아서는 280점까지 올리고 싶었는데, 결국 이 점수로 지원을 하게 되었다.

국제계열 지원자들 중에는 280점이 넘는 고득점자가 많았다. 270점은 불안한 점수였다. 만약 6월 민사고 수학경시대회의 은상 경력이 없었다면 합격하기 힘들었을지도 모른다.

토플공부를 하는 학생들에게 하고 싶은 말은, 되도록 실전테스트를 많이 해보라는 것이다. 토플은 지금까지 접해온 학교 시험이나 경시대회 시험과는 다른 토플만의 형식과 분위기가 있다. 첫 토플성적이 대부분 잘 안 나오는 것은 교재를 갖고 조금 공부하는 것만으로는 그 분위기를 파악하기 힘들기 때문이다.

언젠가 누군가로부터 운전 실력은 운전면허시험에 얼마나 많이 떨어졌느냐에 달려 있다는 말을 들었다. 시험에 떨어지면서 그만큼 많이 훈련을 하기 때문에 운전을 더 잘하게 된다는 것이다. 토플도 마찬가지다. 꾸준히 공부하면서 매달 한 번씩 실전시험을 치른다면 기대 이상의 결과를 얻게 될 것이다.

교재는 내 수준에 맞는 걸 골라서 처음부터 끝까지~

토플교재 중에 제일 좋은 교재는 무엇일까? 나는 어떤 교재든 제일 좋은 교재라고 생각한다. 무엇이든 자신의 수준에 맞는 것을 골라서 열심히 공부하면 그것이 바로 제일 좋은 교재인 것이다.

서점에 가면 수많은 토플교재가 있지만 편집과 제본만 다를 뿐 내용에 있어서는 별 차이가 없다. 결국에는 토플이라는 시험의 테두리 안에 있기 때문에 구성이 조금씩 달라질 뿐, 같은 내용이 되는 것이다.

어떤 교재를 선택하느냐보다 더 중요한 것은 교재를 얼마나 활용하느냐에 있다. 토플교재를 구입하고도 몇 페이지 보지 않고 책꽂이에 그냥 꽂아두는 경우가 너무나 많기 때문이다.

중요한 건 어떤 교재이든 처음부터 끝까지 다 보는 것이다. 교재하나가 토플의 시험범위라고 할 때, 중간까지밖에 공부하지 않고 토플시험을 보는 것은 시험범위를 다 공부하지 않고 시험을 보는 것이나 마찬가지이기 때문이다.

그렇기 때문에 토플공부는 매일 조금씩 꾸준히 해야 한다. 나의 경우에는 따로 학원을 다니지 않고 혼자 토플공부를 했기 때문에 스스로 계획을 세워서 어기지 않고 실천해 나가는 것이 매우 중요했다.

나는 교재 한 권을 사면 분량을 파악한 후, 2개월 안에 다 보겠다, 혹은 3개월 안에 다 보겠다 등의 계획을 세우고 페이지를 계산하여 하루에 공부해야 할 분량을 정했다. 또는 주제별로 몇 월 며칠까지 공부일정을 세우고 반드시 실천하겠다는 나와의 약속을 세웠다. 물론 너무 무리한 계획이 아니라 실천 가능한 계획이어야 한다. 나의 경험으로 볼 때, 하루에 단어 30개, 문법 문제 10개, 독해 지문 하나, 청취 긴 예문 하나, 쓰기 에세이 하나 정도면 충분한 것 같다.

다행히 나는 혼자서 계획을 세워서 공부하는 것을 좋아하는 아이라서 이 방법이 효과가 있었다. 하지만 혼자 공부하는 데 익숙하지 않은 학생이라면 학원에서 선생님의 지도하에 여러 아이들과 함께 하는 것도 좋은 방법이다. 학원에서는 정해진 시간 내에 학생들의 실력을 어느 수준까지 올리기 위한 진도계획이 있기 때문에 선생님 말씀을 열심히 따라가기만 하면 실력 향상이 보장되는 면이 있다. 또 학원을 다니면 모의토플을 경험할 기회도 더 많고, 여러 학생들과 자기 실력을 비교하면서 공부하기 때문에 더 많은 자극을 받을 수도 있다.

나는 혼자 공부하는 쪽을 택하긴 했지만, 에세이에 있어서는 늘 한계를 느꼈다. 학원에 다니는 아이들은 날마다 새로운 토픽에 대해 여러 친구들과 함께 이야기하고 고민하면서 이른바 '브레인스토밍 Brainstorming' 과정을 거치기 때문에 좀더 짜임새 있는 글들을 써낼 수 있었다. 토플학원을 다니던 한 친구는 에세이를 완성하고 나면 선생님이 한 문장 한 문장 꼼꼼히 짚어주면서 더 나은 표현방식과 더 나은 아이디어로 살을 붙여주기 때문에 실력이 쑥쑥 향상된다고 했다. 그래서 혼자 에세이를 완성하느라 끙끙거릴 때면 학원에 다니는 아이들이 은근히 부럽긴 했지만 나는 끝까지 혼자 공부하는 방법을 택했고 나름대로 열심히 해나갔다.

　토플교재에 대해서 한 가지 더 하고 싶은 말은, 무리하게 성인용 교재를 고집할 필요는 없다는 것이다. 토플은 대학생 정도의 교양 수준을 갖추고 있는 성인을 위해 고안된 시험이다.

　그만큼 어휘와 문장의 내용 자체가 중학생이 이해하기에 힘들다. 우리가 아무리 한국말을 잘해도 대학교재를 다 이해할 수 없는 것처럼, 토플을 처음 접하는 중학생들 역시 문장을 다 번역하고도 무슨 뜻인지 모르는 경우가 많다. 이럴 때 성인용 교재를 계속 고집하다 보면 영어 자체가 지긋지긋해지고 말 것이다. 수준을 낮춰서 중학생이 쉽게 이해할 수 있는 내용을 담고 있는 교재부터 차근차근 시작하는 것이 바람직하다고 생각한다.

　서점에 가면 어린이용 토플부터 중학생 토플, 고등학생 토플 등

연령별 토플교재들이 잘 나와 있다. 또 같은 성인용이라도 초급용, 중급용, 고급용 등으로 수준별로 나눠져 있는 것도 있다. 인터넷으로 사지 말고 직접 서점에 가서 내용을 잘 살펴보고 자기 수준에 맞는 교재를 고르길 바란다.

영어를 흡수하는 몸을 만들자 – 청취력 해결법

언어를 듣는 것은 귀가 아니라 몸이라는 말이 있다. 우리가 별로 노력하지 않아도 길에서 걸어가는 모르는 사람들의 대화 내용이나 TV에서 속사포처럼 쏟아내는 사람들의 말소리를 알아들을 수 있는 것은 몸이 저절로 모국어에 반응하기 때문이다. 이러한 자동적인 언어 반응은 아기 때 이루어진다. 아기는 언어를 배우려고 노력하지 않는다. 아무런 의지 없이 그저 순수하게 그 언어를 흡수할 뿐이다. 그렇게 언어가 흡수되고 나면, 다른 언어가 비집고 들어갈 틈이 사라지고 몸은 굳어진다. 그래서 많은 부모님들이 자녀가 조금이라도 어릴 때 영어공부를 시키려고 그렇게 애를 쓰는 것 같다.

나는 비교적 어린 나이에 부모님 덕분에 미국에서 사는 기회를 가졌다. 멋도 모르고 따라간 미국이었지만, 그 시기는 나에게 평생의 아름다운 추억으로 남아 있다. 당시에는 단어도 제대로 모르는 상황에서 무턱대고 초등학교에 입학해서 큰 어려움을 겪었지만, 그래도 덕분에 영어에 몸이 열리게 되었다. 한국으로 돌아온 후에도 엄마와 함께 계속 디즈니 만화와 영화를 반복 시청하면서 영어 감각을 이어 나갔기 때문에, 간혹 어려운 단어나 신조어를 못 알아듣는 경우는 있어도 영어 청취에 있어서는 큰 어려움이 없었다.

허나 토플은 다른 문제였다. 내가 본 토플시험은 CBT(Computer Based Test, 컴퓨터기반)인데, 질문에 정답을 맞히느냐 아니냐에 따라 실시간으로 난이도가 자동조절 되는 시험이었다. 세트별로 문항수도 달라져서, 청취의 경우에는 심하면 총 49문항을 치러야 했다. 대학 강의문, 학술토론문 등이 길게 낭독되는 청취테스트는 아무리 영어에 익숙해도 완벽히 이해하기가 힘들었다.

토플공부를 본격적으로 시작하고 처음 두 달 정도는 청취테스트가 너무 어려워서 헤매야 했다. 나는 일찍부터 학원을 다니며 준비한 아이들에게 조언을 구했다. 청취 문제가 너무 어려워서 어찌할 바를 모르겠다고 했더니, 아이들도 고개를 끄덕였다.

"그렇지! 너무 어렵지! 선생님도 어려운 게 당연하다고 하셔."

일단 다른 아이들도 어렵다고 하니 안심은 되었다. 여러 친구들에게 어떻게 공부하냐고 물어보았다. 한 친구가 좋은 말을 해주었다.

"청취 문제는 어려울 수밖에 없어. 토플시험 자체가 미국 대학에 지원하려는 외국인 학생들의 영어 실력을 검증하려는 것이기 때문에 대학생 수준의 교양을 갖춘 사람이 아니고서는 풀기가 힘들어. 그래서 우리가 해야 하는 건 영어도 영어지만 교양공부를 함께 해야해. 이건 청취뿐 아니라 독해도 마찬가지야."

그제야 왜 그렇게 청취가 어려웠는지 그 이유를 찾을 수 있었다. 그건 내용 자체가 너무 어려웠기 때문이었다.

친구는 실전문제를 많이 풀면서 청취 문제에 자주 등장하는 주제에 대해 기본 지식을 쌓아놓으면 문제를 풀기가 훨씬 쉬워진다고 조언해 주었다. 청취에 자주 등장하는 문제는 대학생활과 문학, 예술, 역사, 지리, 생물, 과학, 환경 등에 대한 글이었다. 그저 들으려고만 하지 말고 지식을 함께 흡수하는 능력을 길러야 청취를 잘 할 수 있게 된다는 걸 알 수 있었다.

원인을 알고 나니 그때부터는 청취 문제를 풀기가 한결 쉬워졌다. 그동안은 단순히 내용을 듣고 문제를 푸는 식으로 공부를 했었는데, 좀더 적극적으로 문제에 접근해야 한다는 걸 알 수 있었다. 일단 청취 문장 하나를 듣고 나면 그걸 받아쓰면서 글로 옮기는 연습을 했다. 그렇게 해야 내가 들은 문장들이 훨씬 구체화되기 때문이다. 이 방법은 영어만 알아듣는 것이 아니라 내용까지 익힐 수 있는 1석2조의 효과가 있었다.

그렇다면 어려운 단어만 못 알아듣는 것이 아니라 문장 자체가 전혀 들리지 않는 경우라면 어떻게 청취 실력을 극복해야 할까?

해외경험이 전혀 없으면서도 토플성적이 240점에 육박하는 친구가 있었다. 그 친구는 2학년 때부터 민사고 준비를 했는데 처음 시작할 때에는 토플이 170점이었다고 한다. 학교에서는 영어 실력이 꽤 좋은 편이라 자부하던 아이였지만 토플시험의 청취 문제는 어려운 단어도 단어지만 속도가 너무 빨라서 그저 떠드는 소리로밖에 들리지 않았다고 한다.

이 친구가 택한 방법은 무조건 받아쓰는 것이었다. 중간 중간 괄호를 채우는 받아쓰기가 아니라 문장을 통째로 받아쓰는 연습을 한 것이었다. 그래야 단어와 단어의 연음이나 놓치기 쉬운 전치사에 대한 감각이 생기기 때문이었다.

처음에는 열 문장 정도로 구성된 강의문 하나를 듣고 받아 적는 데 무려 세 시간이나 걸렸다고 한다. 그것도 끝내 들리지 않는 단어가 있어서 교재를 통해 확인을 해야만 했다. 시간이 너무 많이 걸리고 성과도 없어서 포기하고 싶은 때가 한두 번이 아니었지만, 이 방법이 아니면 절대 영어 감각이 형성될 수 없다는 학원 선생님의 말씀을 믿고 끝까지 매달렸다고 한다.

이렇게 6개월 정도 노력하자, 어느새 영어가 저절로 들리기 시작했다. 무식하다고 생각했던 이 방법이 가장 정직한 방법이었던 것이다. 언어는 많이 노출될수록, 시간을 투자할수록 실력이 향상된다는 말은 진실이었다.

많이 알아야 잘 읽힌다 ─ 독해 원칙

독해 영역은 잘하면 점수 받이지만 못하면 점수를 왕창 도둑맞는 영역이기도 하다. 보통 지문 하나에 15~18개의 문제가 주어지는데,

지문을 잘 읽으면 그 문제를 모두 맞힐 수 있지만 지문을 이해하지 못하면 그 문제를 모두 틀릴 수도 있기 때문이다.

처음에는 독해가 너무나 힘들었다. 어린 시절부터 영어로 된 동화책이나 소설책을 읽어왔기 때문에 영어로 된 글을 읽는 것에 대한 거부감은 없었다. 하지만 토플의 독해 지문은 중학생이 소화할 수 있는 수준을 넘어서는 경우가 허다했다. 토플은 대학생활을 앞두고 있는 성인 수준에 눈높이를 맞추고 있기 때문에 청취와 마찬가지로 내용이 어렵다.

나는 청취와 같은 방식으로 독해공부를 했다. 우선 많은 글을 읽어야 하며, 그 지문을 완전히 이해하려면 내용에 대한 배경지식까지 함께 공부해야 했다. 예컨대 서머셋 모옴의 이야기가 나오면 무턱대고 읽는 것만으로는 부족하고 서머셋 모옴이 어떤 사람인지, 어떤 작품을 썼는지도 함께 조사해서 알아두어야 했다. 그런 지식을 갖춰놓아야 지문을 읽기가 훨씬 편해지기 때문이다.

나는 하루에 독해 지문 2~3개를 꼼꼼히 해석하고 어려운 단어까지 외우기로 했다. 독해 지문을 많이 접하다 보니, 토플에 애용되는 지문에도 종류가 있다는 걸 알 수 있었다. 애드가 앨런 포우, 오스카 와일드, 버지니아 울프, 아가사 크리스티, 어니스트 헤밍웨이 등은 지문에 단골로 등장하는 영미작가이다. 평소에 이들에 대해 책을 읽어두니 지문을 읽는 것이 한결 수월해지는 것을 알 수 있었다.

또 환경을 주제로 한 지문도 많이 등장한다. 지구온난화, 아마존

밀림 등의 생물 이야기, 사막이나 바다 등의 지형, 생활 등을 다룬 지문도 많다. 물리, 지구과학, 생물 등과 관련된 짤막한 강의문도 있다.

내가 가장 좋아하는 지문은 역사와 상식, 그리고 과학과 관련된 지문이다. 그런 지문들은 문제를 풀기에 앞서서 읽는 재미가 있다.

어려서부터 나에게 영어 동화책을 읽게 하여 원서 읽기를 생활화시켜 준 엄마께 감사드리고 싶다. 원서를 읽은 경험이 적은 아이들은 일단 긴 영어 글을 보면 긴장을 하고 거부감을 느낀다. 손에 땀을 쥐며 영문판 '해리 포터 시리즈'를 흥미진진하게 읽은 아이라면 영어로 된 글을 읽는 것에 대해 큰 두려움을 갖지 않을 것이다. 원서 읽기는 시간이 많이 걸리고 인내심을 필요로 하기 때문에 수험생들이 도전하기에는 무리가 있는 것이 사실이다. 하지만 원서 읽기는 토플성적을 향상시키는 것 이상의 많은 수확을 가져다준다. 바로 '영어에 대한 흥미'까지 덤으로 준다.

고민하는 사람만이 잘 쓴다 – 에세이 잘 쓰는 법

토플시험에는 주어진 주제에 대해 에세이를 쓰는 문제가 있다. 30분 동안 A4 용지 약 한 장 분량의 에세이를 써야 하는데, 시간은 절대로 부족하지 않다. 다만 주어진 주제가 너무 어렵다는 것이 문제다. 모두 대학생 이상의 성인을 대상으로 만들어진 주제이기 때문이다.

어떤 주제가 주어질지는 이미 토플시험을 주관하는 ETS 홈페이지를 통해 공개되어 있다. 하지만 그 수가 무려 185개나 되기 때문에 모든 주제에 대해 미리 에세이를 써본다는 건 불가능한 일이다.

다행히 시중에는 '빈출 에세이 토픽'에 대한 교재가 많이 나와 있다. 이런 교재들을 보면 185개가 50여 개 정도로 줄어 있다. 마음 같아서야 더 줄여주면 좋겠지만, 그렇다면 시험으로서의 의미가 없을 것이다.

에세이 토픽에는 일정한 유형이 있다. 우선 가장 흔한 유형은 질문에 대해 찬성, 혹은 반대를 밝히고 그 이유를 설명하는 것이다. 또 다른 유형은 어떤 상황을 가정하고 그에 대해 어떤 의견을 갖고 있는지 서술하는 것이다. 대부분의 문제가 정확한 이유와 구체적인 예를 밝히라고 말한다.

첫 유형의 경우에는 문장 처음부터 찬성 혹은 반대를 확실히 밝히는 방법이 가장 일반적이다. 이 방법은 미리부터 입장을 분명히 했기 때문에 그 다음에는 이유를 하나씩 열거하면 된다. 혹은 반대로 먼저 이유를 밝힌 후 마지막에 그래서 찬성한다, 혹은 반대한다를 밝히는 방법도 있다.

두 번째 유형은 첫 단락에 주어진 가정에 대한 자신의 생각을 정리한 후, 그 다음부터 '첫째, 둘째, 셋째……' 하는 식으로 그 이유를 하나씩 나열하면 된다.

말로 설명하면 쉽지만, 막상 쓰려고 하면 진땀이 절로 난다. 에세이는 영어 실력도 실력이지만 생각하는 법, 그 생각을 표현하는 법이 더 중요하다. 나를 비롯해 토플을 공부하는 대부분의 사람들이 에세이를 어려워하는 이유는, 생각하는 훈련이 덜 되어 있고 배경지식이 부족하기 때문에 솔직히 쓸 말이 없어서이기도 하다.

토플의 에세이테스트를 잘 치르려면 생각을 잘 정리해 두어야 한다는 걸 깨달을 수 있었다. 에세이테스트는 완벽한 영어구사를 테스트하려는 것이 아니다. 서툴더라도 생각을 잘 정리하고 표현하는 능력이 중요하다. 영어가 아무리 완벽하다 해도 비슷한 문장을 이리저리 돌려가며 반복해서 써낸다면 결코 좋은 점수를 얻을 수 없다.

빈출 에세이 토픽 모두를 훈련할 수는 없었지만, 그래도 한 번씩 보고 내 생각을 정리해 두었다. 결과적으로 정식 토플시험에서 내가 연습했던 주제가 나온 것은 단 한 번뿐이었다. 하지만 모든 토픽에 대해 생각을 정리해 두었기에, 결국에는 어떤 주제가 나와도 두렵지 않게 되었다.

잔꾀는 안 통한다 – 에세이테스트 해결법

한번은 토플시험을 보는데, 쓰기 토픽으로 내가 이미 보았던 문제가 출제된 적이 있었다. 그 토픽의 모범답안을 거의 외우고 있었기 때문에 너무나 횡재한 기분이었다. 자신 있게 외워둔 글로 에세이난을 채우고 나왔다. 그동안 에세이성적이 좋지 않았으므로, 이번만큼은 고득점이 가능할 거라는 기대까지 했다.

하지만 막상 성적이 나와보니, 전체 성적은 올랐지만 오히려 에세이 성적은 떨어져 있었다. 책에서 본 모범답안을 그대로 쓰고 나왔는데 점수가 더 낮게 나오다니 이해할 수 없었다. 후에 나처럼 모범답안을 외워서 그대로 베껴 쓰고 나온 사람이 많았다는 걸 알게 되었다. 에세이는 수험자의 생각과 표현력을 테스트하기 위한 시험인데, 토씨 하나 틀리지 않는 똑같은 답안이 수십 개씩 발견되었으니, ETS 측에서 점수를 낮게 주기로 결정한 모양이었다.

토플시험에서 잔꾀는 결코 통하지 않는다는 걸 그제야 깨달았다. 이 일 이후, 에세이를 쓸 때면 남의 아이디어가 아닌 나의 것을, 최대한 솔직하고 정직하게 쓰기로 했다. 글이 살아 있으려면 문장은 조금 엉성하더라도 진심이 담겨져 있어야 하기 때문이다.

에세이는 기본적인 작문 실력을 갖춘 이후부터는, 영어 실력의 싸움이라기보다 아이디어의 싸움이라고 생각한다. 독창적인 아이디어를 설득력 있게 풀어 나가는 실력, 거창한 어휘보다는 쉽고 편한 언어로 표현할 수 있는 실력이 중요하다. 빈출 에세이 토픽 문제 50여 가지에 대해서는 미리 내 생각을 정리해 두었다. 모범답안을 외울 것이 아니라 각각의 주제에 대해 어떻게 생각할 것인지 그 아이디어를 잡아두는 것이 우선되어야 한다.

또한 너무 글을 어른스럽게 쓰는 것도 좋지 않다. 한창 토플을 치르던 때가 중학생 때였는데 처음에는 어른처럼 무게 있는 글을 쓰려고 했지만 잘 되지 않았다. 그래서 점점 주제를 내 눈높이로 바라보는 글을 쓰게 되었고, 그 편이 점수가 훨씬 잘 나온다는 것을 알 수 있었다. 토플은 수험자의 어린 나이를 고려해 주지 않지만, 그렇다고 어리다고 차별하는 것도 아니다. 어린 생각이라도 차분하게 잘 쓰면 좋은 점수를 받을 수 있다.

경시대회를 잘 활용하자

3학년 4월이 되자 학원 전체에 비상이 걸렸다. 민사고의 수학경시대회가 시작되기 때문이었다. 민사고 수학경시대회에서 동상 이상을 차지하면 입학 전형에서 특전을 받게 된다. 토플점수가 좀 낮더라도, 혹은 다른 수상경력이 없더라도, 민사고 수학경시대회에서 수상을 하면 거의 90% 합격이 보장된다고 할 수 있다. 그렇기 때문에 민사고를 지원하는 거의 모든 아이들이 수학경시대회에 관심을 갖고 있었다. 참가 자격도 민사고 지원 자격 이상의 별다른 자격이 요구되지 않기 때문에 참가하기기 쉬운 편이다.

6월 어느 날, 나는 서울의 한 중학교 고사장에서 민사고 시험을 치렀다. 학원의 아이들도 모두 함께 가서 치렀기 때문에 거의 학원시험 같은 분위기였다.

내가 수학경시대회를 준비해 온 지 6년이나 되었다. 그 사이 안양시 대회에서 은상을 탔고, 성균관대 수학경시대회에서 금상을 탔다. 하지만 수학을 좋아하는 것에 비하면 수상경력이 미미한 것도 사실이다. 안양시 대표로 도대회에 출전했지만 아쉽게 탈락했다. 그래서 민사고 수학경시대회에서는 크게 기대를 안 했었다. 워낙 쟁쟁한 아이들이 시험을 치르기 때문에 내가 입상을 할 가능성은 높지 않으리라 생각했다.

시험을 본 느낌은, 여느 시도 대회의 수학경시대회와 크게 다르지는 않은 것 같았다. 창의력 수학문제가 더 많이 나온다고 해서 긴장을 했는데, 꼭 그런 것도 아니었다. 다만 꽤 깊게 생각해야 하는 어려운 문제임에도 불구하고 실질적인 출제 범위는 중학교 수학의 범위를 벗어나지 않는다는 것이 인상적이었다. 수학경시대회를 준비하면서 고등학교 정석을 풀고 심지어 대학교 교양수학 수준의 문제까지 푸는 아이들이 많은데, 더 높은 수준의 문제를 풀기보다는 중학교 수학 범위 안에서 깊은 문제를 많이 푸는 것이 유리하다고 생각한다.

7월 1일 성적 발표가 있었다. 별 기대 없이 홈페이지를 열었는데, 내 이름이 은상 수상 대상자로 올라 있는 것이었다. 당시 나는 토플 성적이 270점에서 좀처럼 오르지 않아 맥이 빠져 있었다. 은상을 받는다는 걸 알게 된 순간, 아직 기회는 남아 있다는 희망이 생겼다. 더욱 적극적으로 준비를 하기 시작한 것도 바로 그때부터였다.

민사고는 자체 수학경시대회뿐만 아니라 토론경시대회도 열고 있다. 수학보다도 국어 등 언어 분야에 자신 있는 사람이라면 토론경시대회에 도전해 볼 만하다. 토론대회는 우리말 토론대회와 영어 토론대회로 나뉜다. 영어 특기적성자라면 영어 토론대회 수상으로 자신의 적성을 더 부각시킬 수 있다.

설사 토론대회에서 수상을 못한다 하더라도, 평생 잊을 수 없는 경험이 되리라 생각한다. 우리말 토론대회와 영어 토론대회 모두 민사고 캠퍼스 안에서 2박 3일 캠프 형식으로 이루어진다. 팀대회로 이루어지기 때문에 혼자 잘한다고 되는 것이 아니라 팀원들 간의 협동, 단결, 조화 등 여러 가지 덕목을 배우게 된다. 다른 학교 학생들과 교류도 나눌 수 있으며, 행사 중 토론 문화에 대한 대학 교수님의 강의도 들을 수 있다. 수상 이상으로 학생들이 배울 것이 많은 대회인 것이다.

재학생들은 이런 대회가 열릴 때마다 진행요원으로 자원봉사를 하는 경우가 많다. 예전에 자신이 참가했던 대회에 이제는 재학생이 되어 가이드를 하는 건 어떤 기분일까? 누군가 나에게 그 기분을 꼭 말해 주었으면 한다.

  * 민사고에서 주최하는 경시대회 및 필기고사, 면접 등에 관한 자세한 정보는 〈부록〉을 참고하세요.

면접에서 생긴 일

면접시험을 떠올리면 지금도 웃음이 난다. 영어 면접실에 들어갔을 때였다. 인터뷰를 진행하는 분은 간제 선생님이었다. 선생님은 나에게 벤자민 플랭클린의 글 하나를 읽게 하신 후 이해한 대로 요약해 보라고 하셨다. 나는 더듬더듬 요약을 하기 시작했지만 쉽지 않았다. 그의 글은 워낙 추상적인 의미가 많아서 사실 읽어도 무슨 말인지 잘 몰랐다. 내가 긴장해서 말을 더듬자 간제 선생님이 말씀하셨다.

"떨지 말아요. 사실 나도 무슨 말인지 잘 몰라요. 나중에 함께 공부해서 알아보기로 해요."

영어 면접은 그렇게 끝났다. 떨고 있는 학생들을 편안하게 유도해 주시는 선생님의 모습이 인상적이었다.

다음은 국어 면접이었다. 내게 주어진 글은 한국인의 월드컵 응원 열풍을 전체주의적 시각으로 비판한 글이었다.

"자신의 생각을 말해 보세요."

전혀 생각해 보지 않은 문제였기 때문에 무척 당황했다. 어쨌든 뭐든 말해야 했다.

"외부의 시각으로 볼 때는 우리의 응원 모습이 전체주의적인 것으로 보였을지 모르지만 한국인인 우리들에겐 축제였습니다. 과거와는 달리 우리는 정부의 강요나 유도에 의해서가 아니라 자발적으로 참여하였고 그만큼 재미있게 놀았습니다."

여기까지는 나름대로 괜찮았다. 그런데 갑자기 이 이야기를 북핵 문제와 연관시켜야겠다는 생각이 들었다. 당시에 내가 북핵 문제에 대해 여러 조사를 해두고 있어서 이 문제를 거론하면 자신 있게 얘기할 수 있을 것 같았다. 하지만 그건 엉뚱한 발상이었다. 월드컵 전체주의와 북핵 문제는 전혀 상관없는 주제였던 것이다. 결국 말이 꼬이고 말았다.

선생님이 물었다.

"북핵 문제가 뭐라고?"

"잘…… 모르겠습니다."

그것으로 면접은 끝났다. 아는 만큼만 대답했으면 좋았을 것을, 괜히 더 아는 척하려다가 면접을 망쳐버렸다.

나는 민사고 수학경시대회 수상경력상 수학 특기자로 지원했기 때문에 수학 면접도 보아야 했다. 세 면접 중에 가장 편안했던 것이 수학 면접이었다.

"신희정 학생, 수학을 좋아하나요?"

"예, 너무너무 좋아요."

"은상을 받았는데 수학공부를 어디서 했나요?"

"초등학교 때부터 계속 수학경시학원에 다녔어요."

"생각이 밝나봐. 계속 웃고 있네?"

"예?"

"여기 들어와서부터 계속 웃고 있잖아."

그건 엄마가 나에게 자주 하시던 말씀이었다. 엄마는 내 얼굴이 늘 웃고 있는 것 같다고 자주 얘기하곤 하셨다.

나는 삼각함수 문제 하나를 풀고 나왔다. 경시대회를 준비해 온 사람이라면 누구나 풀 수 있는 수준의 평범한 문제였다. 나중에 알게 된 것은, 특별히 어려운 문제를 풀게 하는 것이 아니라 학생이 문제를 푸는 모습을 통해 위기 상황에서의 침착함, 대처 능력, 인성 등을 판단하는 것이 목적이라고 한다.

이렇게 세 번의 면접을 마쳤다. 국어 면접에서의 실수를 빼고는 재미있는 하루였다. 이제 합격 발표를 기다리는 일만 남아 있었다.

엄마의 생일과 함께 온 합격 소식

합격자 발표가 있던 날은 엄마의 생신이기도 했다. 마침 아빠는 그날 비번이라서 집에서 나와 함께 있었다. 둘이서 저녁 5시 합격자 발표 시간을 초조하게 기다렸다. 민사고 수학경시대회 수상자는 거의 붙는다고 알고 있었지만, 그래도 불안하기는 마찬가지였다.

드디어 5시. 아빠가 컴퓨터 전원을 키셨다. 우리는 민사고 홈페이지에 접속하여 발표자 명단 페이지를 눌렀다. 접속자가 많은지 자꾸 접속에 실패했다는 메시지가 흘러 나왔다.

'오, 제발, 제발……'

약 15분가량을 그렇게 애타게 마우스만 클릭했다. 그러다가 어느 순간 페이지가 확 열리는 것이었다.

"여기 있다. 희정아, 너 합격이다!"

아빠가 먼저 내 이름을 발견하셨다. 우리는 환호성을 질렀다. 바로 엄마의 병원으로 전화를 드렸다. 엄마는 너무 좋으셨던지 한동안 축하한다는 말도 못하고 감탄사만 내뱉으셨다.

나의 합격 소식은 엄마에게 최고의 생일 선물이기도 했다. 이미 엄마에게 드릴 생일 선물을 준비하고 있었지만, 합격 이상의 선물은 없었을 것이다.

그날 저녁은 이미 엄마의 생일파티를 위해 가족 외식을 계획하고 있던 참이었다. 저녁 내내 우리는 서로 축하하며 앞으로의 일을 계획했다. 내가 멀리 떠난다는 것, 이제 자주 볼 수 없게 된다는 것, 한 달 용돈을 얼마나 주어야 할지, 비타민 영양제나 보약 등은 어떻게 챙겨야 할지 엄마는 여러 가지를 고민하고 계셨다.

정작 나는 고민보다는 기대로 가득 차 있었다.

'민사고에 가면 정말 공부를 열심히 해야지! 멋진 친구들도 사귀고, 평생 잊을 수 없는 고등학교 추억을 만들어야지!'

그때는 마치 구름에 둥둥 뜬 기분이었다. 뭐든지 할 수 있을 것만 같았다.

다음은 최근 들어 90% 이상 자주 출제되는 에세이 토픽들이다. 토플 에세이가 주로 어떤 식으로 출제되는지 맛보기로 보아두자.

005 A company has announced that it wishes to build a large factory near your community. Discuss the advantages and disadvantages of this new influence on your community. Do you support or oppose the factory? Explain your position.

:: 한 회사가 최근 당신의 동네에 대규모 공장을 건설하고 싶다는 발표를 했다. 이것이 당신 동네에 어떤 영향을 줄지 장단점을 토론해 보자. 당신은 공장 건설을 찬성하는가 아니면 반대하는가? 당신의 입장을 밝혀라.

023 In some countries, teenagers have jobs while they are still students. Do you think this is a good idea? Support your opinion by using specific reasons and details.

:: 어떤 나라에서는 10대들이 학생신문으로 직업을 갖기도 한다. 당신은 이것이 좋은 생각이라 여기는가? 정확한 이유와 예를 들어 당신의 의견을 피력하라.

029 Some people believe that the Earth is being harmed (damaged) by human activity. Others feel that human activity makes the Earth a better place to live. What is your opinion? Use specific reasons and examples to support your answer.

:: 어떤 사람들은 인간의 활동으로 지구가 손상되고 있다고 믿는다. 또 다른

사람들은 인간의 활동이 지구를 더 살기 좋은 곳으로 만들고 있다고 믿는다. 당신의 의견은 어떤가? 정확한 이유와 예를 들어 당신의 의견을 펼쳐라.

111 Some people prefer to spend time with one or two close friends. Others choose to spend time with a large number of friends. Compare the advantages of each choice. Which of these two ways of spending time do you prefer? Use specific reasons to support your answer.

:: 어떤 사람들은 친한 친구 한두 명과 만나서 시간을 보내길 선호한다. 또 다른 사람들은 여러 명의 친구들과 함께 만나는 걸 선택한다. 각 선택의 장점을 비교해 보라. 당신은 둘 중 어떤 방법을 좋아하는가? 정확한 이유를 들어 설명하라.

177 A friend of yours has received some money and plans to use all of it either to go on vacation or to buy a car. Your friend has asked you for advice. Compare your friend's two choices and explain which one you think your friend should choose. Use specific reasons and details to support your choice.

:: 당신의 한 친구가 최근 돈이 생겨서 여행을 가거나 차를 사는데 그 돈을 다 써버릴 계획을 하고 있다. 친구는 당신에게 조언을 구했다. 친구의 두 선택을 비교하고 둘 중 무엇을 선택해야 할지 당신의 생각을 설명하라. 정확한 이유와 예를 들어 자신의 생각을 설명하라.

4

민사고에서의 공부와 생활

우리에겐 우리만의
방식이 있어요

목표만 잃지 말자

토론을 통해 성장하는 우리들

민사고의 교육 중 가장 자랑할 만한 것이 무엇이냐고 묻는다면 나는 단연 '토론'이라고 말할 것이다. 지난 2년간의 시간을 돌이켜볼 때, 자율적으로 서로의 의견을 나누고 토론하는 과정이야말로 나를 가장 발전시켰다는 생각이 든다. 나는 토론을 통해 나와 다른 남의 의견을 받아들일 줄 알게 되었고, 또 내 생각을 체계적으로 정리하는 법을 배웠다.

사실 이런 토론수업이 처음에는 무척 낯설었다. 그동안은 얌전히 자리에 앉아서 선생님의 말씀을 경청하는 것이 가장 훌륭한 수업 태도라고 생각했었다. 그런데 민사고에서는 모든 선생님들이 하시는 질문이 있다.

"네 생각은 어떠니?"

"너희들 생각을 말해 볼래?"

처음에는 15명의 학생들이 U자 형으로 둘러앉아 서로 얼굴을 쳐다본 채 눈만 말똥거렸다.

어떻게 생각하느냐고? 중학교 때 우리가 배운 지식은 주로 '무엇은 무엇이다'라는 이미 정의된 지식이었다. 우리는 그저 받아들이고 이해하고 외우기만 하면 끝이었다. 그런데 민사고에서는 계속 우리의 생각에 대해 물었다.

"왜 그렇게 생각하니?"

"무엇 때문에 그런 생각을 갖게 되었니?"

이런 질문을 계속 받자 아이들이 하나둘 입을 열기 시작했고, 우리들은 교과서보다도 서로의 생각 차이를 통해 더 많은 걸 배우게 된다는 걸 알게 되었다.

특히 윌리엄스 선생님의 영문학시간은 그동안 전혀 생각해 보지 못했던 주제에 대해 완전히 다른 각도로 생각을 정리해 볼 수 있는 특별한 기회가 되었다. 선생님은 "왜 사는가?", "사람을 죽인다는 것이 반드시 나쁘다고 할 수 있을까?" 등등의 철학적인 질문을 꺼내놓고 우리들끼리 자율적으로 토론하게 하셨다. 그저 예스 아니면 노라고 대답하고는 할 말을 잃은 우리들에게 선생님은 자극이 될 만한 여러 질문들을 던지셨다.

"사람은 편이에 따라 많은 생물들을 죽인다. 소는 죽이는데 왜 사람은 죽이면 안 되지?"

"죽여 달라고 애원하는 사람을 죽이는 것도 죄가 되는가?"

선생님의 이런 질문을 통해, 우리는 살인이 죄가 되는 이유에 대해 철학적으로 사색할 수 있게 되었고, 형법 역시 이런 철학적 사색을 바탕으로 이루어진 것임을 알게 되었다.

하루는 김정찬 선생님의 영시시간에 「Sidekicks(조연배우)」이라는 현대시를 읽고 감상을 나누게 되었다. 로널드 코어트지Ronald Koertge가 쓴 이 시는 조연배우들의 애달픈 운명을 다룬 것으로 읽고 나면 많은 여운을 남기는 시였다. 특히 조연을 "주연에게 떨어질 박수를 받기 위해 기꺼이 온몸을 던지는 사람들"로 묘사한 것이나, "관중을 기쁘게 하기 위해 고통스럽게 애쓰는 사람들, 많은 포옹을 원하지만 결코 충분히 포옹 받지 못하는 사람들"로 묘사한 것이 인상적이었다. 선생님은 어떤 설명도 하지 않은 채 그저 우리들의 감상을 나눠보라고 하셨다. 아이들은 저마다 각자의 느낌을 얘기했다.

"사실 우리 모두가 주연이 되고 싶은 조연들이 아닐까?"

"모든 조연들도 언젠가는 자기에게 스포트라이트가 올 것이라는 희망으로 살아가는 것이 아닐까?"

"조연이 주연에 비해서는 슬프지만 그래도 엑스트라보다는 나은 삶이 아닌가?"

이렇게 시작된 우리들의 토론은 끊임없이 이어졌다. 대부분의 고등학교에서 시를 주제별, 형식별로 해체하여 외우거나 공부하고 있을 때, 우리는 이렇게 시를 느낄 수 있었다.

토론수업은 내가 소속된 국제반에만 국한된 것이 아니다. 민족반 친구를 통해 그곳 역시 활발한 토론수업이 이루어진다는 걸 알 수 있었다. 특히 국어와 도덕 시간은 수업의 90%가 토론으로 이루어진다. 국어시간에는 진행자를 선정하여 열띤 토론을 이어 나가는 흡사 TV의 「100분토론」과 비슷한형식으로 토론을 하고, 도덕시간에는 '의회식 토론Parliamentary Debating'이 이루어진다고 했다. 의회식 토론이란 영국의회에서 태생된 토론 방식으로, 주어진 논제에 대해 찬성하는 측과 반대하는 측이 서로 반론에 반론을 거듭하며 마치 게임을 하듯이 펼쳐 나가는 토론 방식이다. 내가 참가했던 KYPT(한국 청소년 물리 토너먼트) 역시 이러한 의회식 토론 방식으로 진행되었다. 미국, 유럽, 호주, 동남아시아 등에서는 이미 학생 문화의 하나인 아카데믹 스포츠로 자리 잡은 토론 방식을 일찍부터 경험할 수 있어 참으로 신나는 일이 아닐 수 없었다.

우리는 토론을 통해 점점 생각하는 아이들, 말을 조리 있게 또박또박 잘하는 아이들로 변화해 갔다. 다른 학교에서도 우리처럼 이렇게 한 가지 문제에 대해 깊게 생각하고 자유롭게 이야기할 수 있는 기회가 있을까? 이것은 내가 민사고에 왔기 때문에 받을 수 있었던 특별한 선물이라고 생각한다.

우리는 우리끼리 과외해요

민사고에 자리 잡은 또 다른 독특한 공부 방식 중 하나는 MPT, 즉 '민족 피어 튜터링Minjok Peer Tutoring'이다. 이것은 일종의 학습품앗이로, 학생들끼리 서로 부족한 걸 가르쳐주고 배우는 1대1 개인지도 과외라고 할 수 있다.

과외라고 하면 대부분 대학생 언니 오빠들이나 전문 과외선생님에게 배우는 것만 생각하는데, 피어 튜터링은 학생들끼리 서로 가르쳐주고 배운다는 데 의의가 있다. 가르치는 학생은 4회 이상 지도에 총 6시간을 채우면 당당히 자원봉사 시간으로 인정을 받는 이점이 있고, 배우는 학생은 부족한 과목을 같은 학생의 입장에서 알기 쉽게 배우기 때문에 실력을 향상시킬 수 있는 좋은 기회가 된다.

사실 우리처럼 산골짜기에 격리된 학생들에게 과외의 기회가 있을 리 없다. 간혹 방학 때에 과외나 학원을 통해 부족한 과목을 보충하는 학생들이 있지만, 그런 단기간의 과외로는 민사고의 커리큘럼을 따라갈 수가 없다. 지속적인 피어 튜터링 제도야말로 민사고 학생들에겐 가장 훌륭한 사교육인 셈이다.

2학년에 올라와서 나에게도 피어 튜터링의 기회가 왔다. 평소에 친하게 지내는 최재원이라는 친구가 물리과목을 도와달라고 부탁해 온 것이다. 재원이는 원래 화학을 선택했다가 물리로 바꾸면서 개념 이해에 곤란을 겪고 있었다. 나는 두 달 동안 일요일마다 두 시간씩 재원이에게 물리를 가르쳤다. 그런데 재원이는 세계 청소년 철학대회에 나가서 상을 받아온 아이답게 늘 엉뚱한 질문으로 나를 당황시키곤 했다.

"정말 중력이 작용하긴 하는 거야?"

"이게 왜 이런 거지?"

나는 한 번도 생각해 보지 않은 면에서 재원이는 강한 호기심과 궁금증을 제기했다. 이것은 나에게도 물리의 개념에 대해 다시 생각해 보는 기회가 되었다. 가르치는 사람은 나였지만, 오히려 내가 배우는 게 더 많았다.

이처럼 피어 튜터링으로 언제 어디서나 빵빵한 과외선생님을 풍족하게 공급받을 수 있기 때문에, 우리는 새로운 것이나 모르는 것을 배우는 것에 두려움이 없다.

피어 튜터링은 꼭 학과과목에만 국한된 것이 아니다. 예체능이나 컴퓨터 등에서도 피어 튜터링이 활발하게 이루어지고 있다. 9기 친구인 박형수는 적어도 민사고 내에서만큼은 자타가 공인하는 컴퓨터 명강사다. 형수는 자바 프로그래밍의 달인이다. 컴퓨터 언어는 기술가정시간에 배우는 과목이기도 한데, 형수의 프로그래밍 실력이 알려진 후부터 그에게 피어 튜터링을 요청하는 학생들이 쇄도하였다. 처음에는 2명 정도를 가르쳤는데 지금은 10명이 넘는 그룹을 만들어 강의를 하고 있다. 형수는 지금 유공충의 사진을 찍어서 디지털로 분류하는 프로그램을 만들고 있다.

또 미술 회화나 성악, 가야금 등도 튜터링이 이루어지고 있다. 얼마 전에 피아노도 튜터링을 받을 수 있다는 소리를 듣고 얼마나 기뻤는지 모른다. 나는 초등학교 때 피아노를 그만둔 이후 늘 아쉬움을 품어왔다. 졸업하기 전에 기회가 된다면 피아노 튜터링을 받아보고 싶다.

피 말리는 CR시험과 단어시험

민사고에는 매주 전교생들의 피를 말리는 CR시험과 단어시험이 있다. 이것은 민족반과 국제반이 모두 보는 시험이지만, 계열간 문제는 전혀 다르다.

CR이란 'Critical Reading'의 약자로 흔히 우리끼리는 '독서시험'이라고 부른다. 2주에 한 번씩 지정 도서를 읽고 그 내용에 대해 시험을 치르는 것이다.

단어시험은 영어 단어를 외워서 시험을 보는 전형적인 어휘테스트다. 우리는 CR시험과 단어시험을 2주 간격으로 수요일 자습시간이나 토요일 오후에 치르고 있다. CR시험은 CR 책과 관련된 교과목 성적에 10% 반영이 되고, 단어시험 역시 영어교과 성적에 반영되기 때문에 시험 전날이면 전교생이 비상에 걸릴 수밖에 없다.

CR시험을 성실히 이행하면 한 해 100권의 책을 읽게 되는 셈이다. 좋은 제도라는 것에 동의하면서도, 대부분의 학생들이 이 시험을 무서워한다. 그 이유는 평소에는 잊고 있다가 날짜가 다가와서야 생각이 나기 때문이다.

평소에 학과목 예습복습, 여러 과제물 작성 등을 수행하다 보면 책 읽기는 뒷전으로 밀릴 수밖에 없다. 하루에 20~30분만 투자하면 책 한 권 정도는 읽을 수 있지만, 그게 말처럼 쉬운 일이 아니다. 또한 국제반의 CR시험은 대부분 원서를 대상으로 하기 때문에 철학이나 역사 등의 교양서적, 고전 등이 지정되면 더욱 힘들어진다.

벌써 수십 번이 넘는 CR시험을 보면서, 내가 내린 결론은 요령은 통하지 않는다는 것이다. 일부 학생들 중에는 책을 다 읽지 않고 요약본을 본 후 시험을 보고도 좋은 점수를 받는 아이들이 있다. 하지만 그것도 한두 번이지 늘 통하지는 않는다. 결국에는 정직하게 읽은 아이들이 한결같이 높은 점수를 받는다. 아마도 꾸준한 독서를 통해 작품에 대한 전반적인 이해도가 상승하기 때문인 것 같다.

나의 경우, 처음에는 책 읽기를 미루다가 밤을 새우며 읽는 일이 잦아서 CR시험을 치른 날은 하루 종일 졸음을 참느라 애를 먹곤 한다. 지금은 하루 30분씩 독서시간을 정해놓고 지키고 있다. 또한 그냥 읽는 것보다 시험에 나올 것 같은 중요한 부분을 반복하여 읽거나 간단하게 메모를 하는 습관을 들였는데 확실히 도움이 많이 되었다.

인터넷을 이용하는 것도 좋은 방법이다. 월드와이드웹에는 청소년들에게 독서 가이드를 해주는 좋은 사이트들이 많이 있다. 이곳에 들어가면 청소년 권장도서와 줄거리, 주제, 책과 관련된 약간의 퀴즈 문제 등이 예시되어 있어서 CR시험을 보게 될 책의 이름을 검색

하여 자신의 독서 이해도를 미리 체크해 보곤 한다.

CR시험에 이어 보는 단어시험은 『*Word Smart*』를 교재로 삼고 있다. 이것은 SAT를 준비하는 학생이라면 누구나 다 보는 책으로 미국 대학들이 신입생들에게 원하는 수준의 교양어휘를 모두 담고 있는 책이다. 우리와 달리 민족반 학생들은 단어시험으로 『해커스 Vocabulary』를 교재로 하고 있는 것으로 알고 있다.

나만의 작품 It's My Life!

미술을 가르치시는 안상준 선생님은 학생들에게 무척이나 관심이 많은 분이시다. 아이들이 웅성웅성 모여 얘기를 하고 있으면 다가오셔서 선생님만의 특이한 인사를 건네신다.

"Hi, kiddo!"

선생님은 어드바이저를 맡은 아이들의 식사시간까지 체크하신다. 혹 끼니를 거른 아이가 있으면 어떻게 아셨는지 직접 전화를 걸어 챙겨주신다.

"너 오늘 왜 점심 걸렀니? 무슨 일 있니?"

심지어 외모의 변화까지도 놓치지 않으신다.

"요즘 보니까 눈 밑에 다크서클이 생겼던데 무슨 고민 있니?"

얼마나 아이들을 사랑하면 이런 작은 변화까지도 꼼꼼히 관찰하는 것일까? 선생님은 부모와 떨어져 지내는 우리들에게 어머니의 역할을 대신해 주는 분이다.

흔히 미술시간이라고 하면 그림을 그리거나 공작 작품을 만드는 것으로 생각하겠지만, 선생님의 미술시간에 우리가 배우는 건 포토샵 프로그램이다. 외부에서는 민사고가 미술교육을 포기했다며 비판한다고 하지만, 나는 미술공부가 꼭 순수예술이 되어야 하는 건 아니라고 생각한다. 미술은 예술적 창의성을 배우는 시간이다. 민사고는 우리 시대의 고등학생들이 많은 관심을 가지고 가장 가깝게 받아들일 수 있는 미술로써 포토샵을 선택한 것이다.

우리는 1년 동안 꾸준히 포토샵을 배운 후, 마지막 학기에 포토샵으로 작품을 만들어 제출하여 평가를 받았다. 제출해야 할 작품은 매년 선생님이 형식과 소재를 정해주시는데, 9기 학생들의 과제물은 다음과 같았다.

1. 노래 하나를 정하여 그 노래에 맞는 CD 케이스를 디자인하라.
2. 20초 분량의 동영상 Adobe 파일을 만들라. 단, 주제가 살아 있어야 하며 자막이 들어가서는 안 된다.

자신의 작품을 만드는 건 굉장히 설레는 경험이 아닐 수 없다. 지금까지 배운 지식을 총 동원하여 본인이 고른 주제로 하나의 실용예술 작품을 만드는 것이기에, 아이들의 열정도 대단했다. 선생님이 한 달여의 긴 시간을 주셨기 때문에, 모두들 충분히 고민하고 여러 번 자문을 구해가며 완성도 높은 작품을 만들 수 있었다.

내가 고민 끝에 고른 곡은 본 조비Bon Jovi의 「It's My Life」였다. 공격적이면서도 파워풀한 자기주장이 담긴 가사가 내 마음에 쏙 들었기 때문이었다. 특히 'Better stand tall when they're calling you out / Don't bend, don't break, baby, don't back down(사람들이 당신을 부를 때 가슴을 쫙 펴라 / 허리를 굽히지도, 의지를 꺾지도, 물러서지도 말아라)' 부분에서는 전율을 느낄 정도였다. 나의 이런 느낌을 어떻게 CD 케이스로 살릴 수 있을까? 내가 고른 소재는 자유의 여신상이었다. 뉴욕항 리버티섬에 세워진 이 거대한 여신상은 왼손에는 독립선언서를, 오른손에는 횃불을 들고 있다. 만약 자유의 여신상이 자신의 인생을 찾는다면? 나는 포토샵을 이용하여 자유의 여신상이 들고 있는 횃불을 초콜릿 바로 바꾸어보았다. 자유의 여신상은 초콜릿을 먹는 달콤한 인생을 외치고 있는 것이 아닐까? 그것은 'It's My Life'의 강렬한 비트와도 잘 어울린다고 생각했다.

동영상은 내가 꾼 꿈에서 소재를 얻었다. '악몽'이라는 제목으로, 어느 교실 문을 열려고 애쓰는데 반쯤 열리면 도로 닫혀버리길 반복하는 내용이었다. 워낙 다른 아이들의 작품이 뛰어나서 크게 자랑할 만한 것은 못 됐지만, 내가 공들여 만든 작품이라서 애정이 간다.

지금까지 초등학교 때부터 여러 미술 작품을 만들고 그려왔지만, 내가 평생 간직하고 싶은 건 이 두 개의 포토샵 작품이다.

나만의 연구 프로젝트, IR시간

민사고 학생들에겐 날마다 두 시간씩 개인연구시간이 주어진다. 이른바 IR(Individual Research)로 7, 8교시 두 시간은 무엇이든 각자 하고 싶은 것을 찾아서 스스로 공부하는 것이다.

처음 IR시간이 주어졌을 때는 무척 당황스러웠다. 민사고에 오기 전에는 모든 공부는 수업을 통해 이루어진다고 생각했었기에 혼자 주제를 선택해서 연구를 한다는 개념이 쉽게 이해되지 않았다. 하지만 지금은 우리 학교에 이런 IR시간이 있다는 게 너무나 고맙고 자랑스럽다. 이러한 자율적인 연구시간이 없었다면 학교 커리큘럼을 따라가는 데 급급해서 본인이 정말로 알고 싶은 분야를 공부할 기회는 없었을 것이기 때문이다. 수학성적을 올리느라 급급한 상황에서 알프레드 히치콕 감독의 영화를 분석 비평한다거나, 한국 자동차산업의 발전 과정을 조사하기란 쉽지 않은 일이다. 하지만 민사고는 학교 커리큘럼 자체에 이런 시도를 해볼 수 있는 시간을 마련해 주었기에 그 시간만큼은 각자의 연구실에서 자신만의 연구 프로젝트를 진행할 수 있다. 책을 읽든 영화를 보든 동아리활동을 하든, 심지어 잠을 자든 선생님들은 전혀 상관하지 않는다.

내가 선택한 IR 분야는 '개화기 외국인의 시각에서 본 조선의 모습'이다. 민사고에 와서 간제 선생님의 세계사수업 덕분에 역사에 새롭게 흥미를 느끼게 되었고, 특히 역사에 기록된 굵직굵직한 사건 안에 감춰진 사람들의 자잘한 삶의 기록들이 궁금해졌다. 지금까지 우리 역사는 우리의 기록을 통해서만 전해지고 해석되어 왔다. 외국인의 기록을 통해 보는 과거 한국의 모습은 어떨까? 나는 간제 선생님에게 이것을 주제로 IR을 하겠다고 말씀드리고 지도를 부탁드렸다. 지금까지 약 20건 정도의 자료를 모았는데, 전혀 몰랐던 흥미진진한 조선시대의 모습을 발견할 수 있었다. 나는 이 주제를 꾸준히 연구하여 졸업 전에 소논문을 써서 민족학술제에서 발표할 생각이다.

지난 2학년 2학기부터는 IR시간 이외에도 '프로젝트 스터디'시간이 따로 생겼다. 그래서 간제 선생님과의 개화기 조선시대 연구 프로젝트를 이 시간으로 돌리고, IR시간에는 좀더 다양한 활동을 시작했다. SAT에 도움이 되는 에세이 워크숍에 참여하고 있고, 또 한국일보사에서 발행하는 청소년 영자신문인 「Young Times」의 기자 활동도 이 시간에 하고 있다.

전교생이 시인이 되다

민사고에 와서 하게 된 또 하나의 특이한 경험은 영어로 시를 쓰는 것이었다. 내 평생 영어로 시를 쓰게 될 줄은 꿈에도 몰랐다.

영시를 가르치시는 김정찬 선생님은, 시는 형식이 아니라 마음으로 느끼는 것이며 주제와 소재를 구분해서 해체하는 것이 아니라 읽는 사람이 저마다의 감성으로 재해석하는 것임을 가르쳐주셨다.

시를 쓰는 것도 같은 개념이었다. 굳이 잘 쓰려고 애쓸 필요 없고,

심오한 주제를 담으려고 의도할 필요도 없었다. 선생님은 가장 솔직한 글이 가장 좋은 글이라고 강조하셨다.

시는 짧은 표현이나 단어 안에 자신의 마음을 응축하여 싣는 것이다. 만약 영시시간이 아니었다면 이런 연습을 어디서 했을까? 나는 길게 설명해야만 전달될 말들을 단 몇 줄의 글 안에 담으면서 묘한 설렘을 느꼈다. 내 안에 이런 마음이 있었는지 미처 알지 못했던 생각까지 떠올랐다.

또 하나의 즐거움은 친구들의 시를 들여다보는 것이었다. 시에는 의외성이 많다. 평소에 털털하고 편하기만 했던 아이에게 슬픈 감수성이 있는가 하면, 비상한 관찰력을 통해 시를 쓴 아이도 있었다. 또 이것도 시가 될 수 있을까 하는 생활적인 주제로 시를 쓴 것도 무척 참신했다.

앞으로 대학에 가면 과학이나 공학 분야에 파묻혀 지내게 될 것이다. 그렇다면 문학을 배울 기회가 또 있을까? 그런 생각을 하니 친구들과 함께 머릿속에 떠오르는 생각들을 거침없이 나누고 토론했던 김정찬 선생님의 영시시간이 더 소중하게 느껴진다.

다음의 「Amnesia」는 내가 지은 여러 편의 시중에 가장 마음에 드는 작품이다. 시 자체는 어설프지만, 완성한 후 내가 갖고 있는 생각을 가장 시답게 표현해 낸 것 같아 기뻤다. 기억상실증에 대한 이야기인데, 절대로 세상에 기대하지 말고, 기다리지도 말고, 사랑해 준 다음에 사랑했다는 걸 까먹어서 다시 사랑받지 못해도 행복할 수 있게 기억상실증에 걸리게 해달라는 내용을 담고 있다.

Amnesia

to my dearest friend

Go,
my friend
but
put into mind
never
never expect
it may come
perchance
not always on time

Love,
my friend
but
remember
remember to forget
that you loved

forget

and be forgotten

Admire,

to be

forgotten,

unrecognized,

misunderstood

be forgotten

be forgotten

be forgotten

forget

조기졸업에 대하여

　민사고에는 2년 만에 고등학교 과정을 마칠 수 있는 조기졸업제도가 활성화되어 있다. 특히 민족반 학생들의 80% 이상이 조기졸업을 준비하고 있는 것을 볼 때, 조기졸업의 기회가 충분히 열려 있는 듯하다.

　남들이 3년 동안 다니는 고등학교를 2년 만에 끝낼 수 있다는 건 참으로 매력적이다. 그래서 나도 조기졸업을 할까 잠시 고민했었다.

하지만 민족반과는 달리 국제반 학생이 조기졸업을 준비하기에는 무리가 많다. 우선 모든 학생이 미국 대학을 목표로 하는 만큼 현지에 적응하기 위해서는 그만큼 많은 준비가 필요하다. 언어는 물론이고, 대학생활에 가까운 커리큘럼을 충분히 경험하고 적응할 기회가 필요한 것이다.

또한 민족반 학생들은 조기졸업 후에 수시모집 등의 기회가 곧바로 있지만, 국제반 학생들에겐 여전히 SAT와 에세이, 대학지원과정 등이 남아 있다는 것도 고려하지 않을 수 없다.

만족스러울 만큼의 높은 SAT성적을 받기 위해서는 시간이 필요하고, 또 원활한 대학생활을 위해서 AP도 여러 학점 받아두는 것이 유리하다. 이 모든 것을 하기 위해서는 3년이라는 시간이 절대적으로 필요하다.

국제반 학생이 조기졸업을 하려면 AP를 12단위 이상 이수해야 하고 SAT도 2,200점 이상이 되어야 한다. (올해부터는 이 기준을 약간 낮춰서 AP 7단위로 바꿨다.) 학교 성적도 GPA(Grade Point Average) 3.8 이상이 넘어야 한다. 학교 수업에 충실하면서 이 정도의 기준을 넘기는 힘들다. 그만큼 국제반에서 조기졸업을 이룬 학생은 대단한 아이로 인정을 받는다. 9기 친구들 중에서 올해 조기졸업 승인을 받은 학생은 단 1명뿐이다.

나는 조기졸업은 이루지 못했지만 1년간의 즐거운 학교생활을 더할 수 있다는 게 즐겁기 만하다. 조기졸업은 어렵지만 도전할 만한 제도이고, 민사고는 그 도전의 기회를 충분히 주고 있다.

EOP의 진실 혹은 거짓

민사고는 기본적으로 영어 상용화, 즉 EOP를 원칙으로 하지만, 아무리 그래도 모든 수업이 영어로 이루어질 수는 없다. 우선 국어 수업이 그렇다. 국사수업도 마찬가지다. 국사를 영어로 가르친 적이 있었는데, 오히려 수업 효율이 떨어지는 결과를 낳아서 한국어로 다시 바꾸었다고 한다. 또한 일부 과학 과목에서도 이런 일이 일어났다. 문제는 학생들도 아카데믹한 부분을 모두 영어로 말하기 힘들지만 선생님들 역시 원어민이 아닌 이상 똑같은 고민을 하고 계시기 때문이다.

선생님께 언어는 지식을 가르치기 위한 수단이다. 영어가 유창한 분들에게는 큰 무리가 없겠지만, 그렇지 않을 경우에는 한국어로는 100을 가르쳐줄 수 있는 것을 영어로는 70, 80밖에 못 가르쳐주는 상황이 발생하게 된다. 그래서 수업에서의 EOP 조치 이후 많은 선생님들이 불편을 호소하였고 학교 측에서 영어수업이 가능하도록 ESL 프로그램도 마련했다고 한다. 그러나 선생님에 따라서 한국어로 수업을 진행하신다.

일부에서는 이것이 선생님들의 원칙 위반, 혹은 EOP 상용화의 부작용이라고 하지만, 나는 이것을 EOP가 자리 잡아가는 과정이라고 생각한다. 민사고는 이제 막 10년을 채워가는 학교인 만큼 아직까지도 시스템이 완성되었다고 보기 힘들다. 초기에 생활회화를 모두 영어로 말하도록 했던 시절이 있었다면, 지금은 모든 생활회화와 일부 수업이 영어로 진행되고 있는 단계다. 앞으로 적어도 10년 안에는 모든 생활회화와 수업이 영어로 진행되어 EOP가 완성될 날이 올 것이라고 생각한다.

또한 학교 측에서도 저녁 6시 이후에는 각자 기숙사 방 안에서 룸메이트들과 한국어로 대화하는 것을 허락하고 있다. 그 시간만큼은 친구들과 편안하게 대화하라는 학교 측의 배려라고 생각한다. EOP 정책은 이처럼 엄격함 속에 융통성을 갖추고 있다.

국제반 커리큘럼 좋아가기

국제반은 외국 대학을 목표로 하는 학생들이 모인 반인 만큼 여느 고등학교와는 커리큘럼이 다르다. 물론 같은 학교 내의 민족반과도 차이가 있다.

우리의 커리큘럼은 한국의 고등학생으로서 꼭 배워야 하는 필수 과목에 미국 고등학교에 해당하는 과목들이 혼성돼 있다. 즉 국어, 사회, 국사 등의 과목은 한국인으로서의 정체성과 민족성을 갖추기 위해 꼭 배워야 하는 과목이다. 체육, 음악, 미술 등도 기본적으로 우리식 커리큘럼을 따른다. 하지만 영어와 수학, 과학 교육은 미국 대학에 입학하기 위한 주요 과목인 만큼 그 기준을 따르고 있다.

가장 큰 차이는 일주일에 8시간이나 되는 영어수업이다. 크게 영어강독(English Grammar/Reading) 네 시간과 영어독해(English Composition/Writing) 네 시간으로 나뉘며 각 과목시험을 따로 친다. 더 자세히 설명하자면, 영어강독은 SAT 준비수업이라고 말할 수 있다. 미국 대학에 가려면 꼭 봐야 하는 시험이 SAT인 만큼 정규수업에서 이 부분을 소화할 수 있도록 한 것이다. SAT 영어는 '문장 완성하기Sentence Completion'와 '비판적 읽기Critical Reading', 그리고 '에세이 쓰기Writing'로 유형을 나눌 수 있는데, 이 세 부분을 각각 다른 선생님들에게 배우고 있다. 영어독해는 SAT와는 직접적 관련이 없고, 전반적인 교양영어라 말할 수 있다. 주로 수준 높은 문학 작품이나 어떤 주제를 놓고 토론을 하거나, 직접 여러 장르의 글을 지어보기도 한다. 국제반 학생들이 가장 힘들어하면서도 가장 많은 것을 배우는 수업이기도 하다.

수학은 미국식 교과 구분으로 단계적으로 배우게 된다. 1학년 때에는 '마적분학 이전과정Precalculus'을, 그리고 2학년부터는 '미적분학Calculus'을 배우게 되는데, 수업을 통해 아이비리그를 겨냥하는 모든 학생들이 보아야 할 SAT II 수학시험과 AP까지 모두 대비할 수 있다.

국제반의 수학수업은 중학교 때 했던 내신공부나, 학원의 선행학습과는 많이 다르다. 난이도를 따진다면 한국의 수학책보다 쉬울 수도 있지만, 익숙하지 않기 때문에 어렵게 느껴질 수도 있다. '미적분학 이전과정'은 한국의 공통수학 정도의 범위에 해당하는 개념들이 나오고, '미적분학'은 미적분과 통계를 포함한다.

국제반의 과학수업은 전반적으로 SAT와 AP를 겨냥하여 이루어진다. 1학년 1학기 때에는 SAT II 화학과 SAT II 물리를 배우고, 여기에 컴퓨터 정보교육이 병행된다. 1학년 2학기부터 2학년 1학기 때까지는 AP 화학이나 AP 물리 중 하나를 선택하고, 마찬가지로 컴퓨터 정보교육이 병행된다. 마지막 2학년 2학기에서 3학년 1학기 때까지는 AP 생물, '선형대수Linear Algebra', '미분방정식Differential Equation', AP 물리C, AP 통계, AP 지구과학 중 한 과목을 선택하게 된다.

사회 과목의 경우에도 미국 교육에 따른 변형이 있다. 1학년 1학기 때의 도덕수업은 정통 한국식 교육에 가깝지만 경제, 인문지리, 세계사, 미국사, 미래사회 등은 AP는 물론 유학 이후 미국생활에 필요한 필수교양을 가르치는 시간이기도 하다. 특히 1학년 1학기 때 배우는 경제는 AP 미시경제를 대비하는 것이고 미국사와 세계사 역시 AP시험 대비가 함께 이루어진다.

한 가지 특이한 것은 음악수업이다. 민사고는 전교생이 음악시간에 전통악기 하나를 선택하여 배워야 한다. 여학생은 주로 가야금을 배우고, 남학생은 태평소, 단소, 대금, 소금, 향피리 중에서 하나를 선택한다. 이 전통악기 교육은 민족반의 경우 2학년으로 끝을 맺는다. 하지만 국제반은 3년을 꼬박 채워야 한다. 해외로 나가는 학생일수록 더 확실하게 전통문화를 배워야 한다는 학교 측의 뚜렷한 주관 때문이다.

SAT 고득점을 향하여

국제반 학생들이 공통으로 갖고 있는 목표는 'SAT 고득점'이다. 명문대학에 입학하기 위해서 반드시 갖춰야 할 요건이기 때문이다. 또한 우리는 대부분 아이비리그 대학을 겨냥하기 때문에 SAT I뿐만 아니라 II까지도 고득점을 받아야 한다. 2005년에 새롭게 개정된 SAT 제도에 따르면 적어도 하버드는 2,200점 이상, 그 외의 대학도 2,000점 이상을 받아야 한다.

대부분의 국제반 아이들에게 SAT I은 그리 어려운 시험이 아니다. CR은 토플공부와 겹치는 것이 많으며 민사고의 영어시험과 비슷한 형식이고, 수학의 경우엔 중학교 3학년 정도 수준의 문제들이기 때문이다.

다만 2005년부터 SAT 제도가 새롭게 바뀌면서 추가된 '에세이 쓰기Writing' 과목이 어려운 편이다. 이것은 원래 SAT II의 과목이었으나 SAT I으로 옮기면서 학생들의 실력을 더 엄격하게 평가하는 기준이 되고 있다.

과거 '언어영역Verbal'과 '수학영역Math'으로 나뉘던 SAT I 시절에는 민사고 선배들의 대부분이 1,500점 이상을 받았고 1,600점 만점자도 상당수였다고 한다. SAT II '에세이 쓰기'에서도 만점을 받은 선배들이 있었던 것으로 볼 때, 2005년에는 민사고에서 SAT I 2,400점 만점자가 나타날 가능성이 큰 것 같다.

* 자세한 SAT 관련 정보는 〈부록〉을 참고하세요.

경시대회에 도전하는 우리들

미국 대학들이 SAT성적 이상으로 눈여겨보는 것은 경시대회 수상 등 각종 수상경력이다. 이것은 학생의 도전정신과 전문성을 확실히 보여주는 자료이기 때문에 SAT가 다소 부족하더라도 명문대 진학을 가능하게 하는 막강한 무기가 된다.

민사고에는 일찍부터 경시대회 쪽으로 눈을 돌린 아이들이 많이 있다. 민족반 아이들의 경우, 내신성적이 만족스럽지 않더라도 경시대회 수상경력을 잘 쌓아두면 특차 진학이 가능한 부분이 많고, 또 국제반 아이들 역시 인상적인 포트폴리오를 만드는 자료가 되기 때문이다.

물론 아무 경시대회나 참가한다고 되는 것은 아니다. 반드시 공인된 기관에서 실시하는 권위 있는 대회여야 한다. 수학의 경우 KMO(한국수학올림피아드)나 IMO(국제수학올림피아드), APMO(아시아태평양수학올림피아드) 등이 최고 권위의 대회다. 과학 분야도 많은 경시대회가 있지만 KPhO(한국물리올림피아드), KChO(한국화학올림피아드), KBO(한국생물올림피아드), KAO(한국천문올림피아드), KOI(한국정보올림피아드)처럼 국가를 대표하는 학회에서 실시하는 것이 인정을 받는다.

내가 참여한 '한국 청소년 물리 토너먼트' 역시 한국물리학회에서 주관하는 것으로 국제적인 조직이 되어 있는 대회다. 물리 외에 화학, 생물, 지구과학 등도 비슷한 대회가 있는 것으로 알고 있다. 선배들 중에는 국제물리올림피아드나 국제생물올림피아드에서 수상을 한 경우도 있다.

나만의 노하우! 희정이의 공부 법칙

성실을 이길 자, 그 누구인가?

국제반에 정말 공부를 잘하는 친구가 한 명 있다. 이 친구를 보면 공부 귀신이 씌었나 싶을 정도로 공부를 잘한다.

어느 날 그 친구에게 물었다.

"너는 어떻게 그렇게 공부를 잘하니?"

"솔직히, 난 원래부터 잘해서 왜 잘하는 건지 모르겠어."

우리는 푸하하 하며 웃었다. 그야말로 솔직한 대답이었다.

실제로 민사고에 다닌다고 하면 많은 사람들이 어떻게 하면 공부를 잘할 수 있느냐고 묻지만, 사실 나도 이 친구처럼 잘 모르겠다. 단지 계속 노력해 온 것이 전부이다.

그러나 민사고의 공부 잘하는 많은 친구들을 보면서, 결국 공부를 잘하는 건 성실함에 있다는 생각이 든다. 언제나 자기 페이스를 잃지 않고 꾸준히 해야 할 것들을 실천해 나가는 성실함이 공부를 잘하게 하는 열쇠인 것이다. 우리 학교 학생들도 숙제가 많다고, 공부할 것이 태산 같다고 투덜거리긴 하지만, 다음 날 보면 어김없이 모든 숙제를 다 해오고 초롱초롱한 눈으로 수업에 임한다. 오늘 하루 그냥 넘어가자고 안일하게 생각하는 아이는 찾을 수 없다. 거의 모든 아이들이 늘 이렇게 성실히 생활해 가고 있다.

하루아침에 공부를 잘하는 학생이 될 수 있을까? 아무리 머리가 좋은 사람이라 해도 그때그때 해야 할 공부를 하지 않고 뺀질거리다가 시험 전날에 벼락치기 공부를 한다 해도 날마다 성실하게 공부해 온 사람을 이길 수는 없다.

한때 수학경시대회에서 쓴 잔을 마신 후 공부는 노력이 아니라 머리라고 생각했던 적이 있었다. 내가 입상을 하지 못한 것을 머리 탓으로 돌리려 했던 것이다. 하지만 가슴에 손을 얹고 따져보았을 때, 부족했던 건 아이큐가 아니라 노력이었다. 수학공부를 열심히 한다고 하면서도 문제집 푸는 것을 게을리 했었고, 또 내가 좋아하는 유형의 문제 이외에는 풀려고 하지 않았던 것이다. 결국 노력 부족이었다는 걸 인정했다. 민사고 수학경시대회를 앞두고 그 한계를 넘어 보고 싶었다. 그때 잠을 아끼면서 정말 많은 문제를 풀었고, 그 결과 은상을 수상했다.

어떤 아이들은 노력을 하지 않으면서 언제든 시작하면 된다고 생각한다. "내가 노력을 안 해서 그렇지 노력만 하면 금세 1등 할 수 있어"라고 말하는 아이들을 많이 보았다. 하지만 노력은 그런 게 아니다. 노력은 쉬지 않고 계속 하는 것이다. 언젠가는 공부를 할 거라며 지금 미루는 아이들은 끝까지 노력이라는 최고의 공부 노하우에 가까이 다가가지 못한다. 노력도, 성실도 각자의 능력이고 노하우인 것이다.

나와의 약속을 지킨다

성실함은 종종 상황의 도전을 받는다. 나도 그런 도전을 받고 당황했던 적이 많았다. 예를 들자면 이런 것이다. 계획에 따르면, 오늘 저녁 7시부터 8시 반까지 계속 수학공부를 한 후 10분을 쉬고, 다시 8시 40분부터 10시까지 에세이 숙제를 하기로 되어 있다. 사실 에세이 숙제는 모레까지 제출하면 되므로 꼭 오늘 해야 하는 건 아니다. 하지만 오늘 이것을 해놓아야 내일 단어시험을 준비할 수 있기에 이렇게 계획을 잡아놓았다. 그런데 8시 30분에 친구들이 찾아온 것이다. 잠시 수다를 떨다 보니 너무 즐거워서 시간 가는 줄도 몰랐다.

이제 그만 해야지 생각하면서도 수다가 너무 재미있어 계속하다 보니 10시가 되고 말았다.

그 결과는 어떨까? 나는 에세이를 쓰지 못했고, 다음 날 그걸 완성하느라 단어시험 공부를 하지 못했다. 결국 그 달의 단어시험을 망쳐버리고 말았다.

성실해지려면 자신에게 엄격할 필요가 있다. 자습시간, 쉬는 시간, 공부 계획 등을 어기지 말고 지켜야 한다.

1학년 때에는 이게 잘 되지 않았다. 그때는 공부가 너무 어렵고 힘들어서 틈만 나면 공부로부터 도망칠 궁리를 하곤 했었다. 룸메이트 친구와 밤새도록 수다를 떨기도 하고, 일찌감치 잠자리에 들어 쿨쿨 잠을 자기도 했다. 하지만 지금은 이래서는 죽도 밥도 안 된다는 것을 알기에 나름의 엄격한 원칙을 세워두고 있다. 다른 친구들도 마찬가지다.

우선 룸메이트의 생활 패턴에 너무 영향을 받지 않아야 한다. 비록 같은 방에서 세 명이 함께 생활을 하지만, 저마다 다른 공부 계획을 갖고 있을 수밖에 없다. 나는 9시까지 공부를 해야 하는데, 룸메이트는 8시 반에 공부를 끝내놓고 라디오를 들으며 쉬고 있을 경우 함께 쉬고 싶은 유혹을 참기란 매우 힘들다.

그래서 세 사람의 공부 스케줄을 하나로 묶어주는 것이 가장 이상적이다. 이렇게 하면 서로 견제를 하면서 공부 계획을 지키고, 또 휴식시간에는 함께 대화를 나누며 긴장을 풀 수 있다. 하지만 지금까지 경험으로 볼 때, 세 사람의 스케줄을 통일한다는 건 쉬운 일이 아니다. 셋 중 한 명에게는 그 스케줄이 맞지 않은 경우가 반드시 있기 때문이다. 처음에는 그래도 친구들과 함께 하고 싶어서 억지로 그 스케줄에 참여를 했지만, 이제 대부분의 아이들이 자기만의 계획을 갖고 혼자 공부를 하고 있다. 이제 꼭 누구와 함께 해야 하는 어린애가 아니기 때문이다.

산책을 가자며 찾아오는 동아리 친구들, 12시가 넘어 라면을 먹자며 문을 두드리는 호메이트들, 갑자기 찾아와 자신의 고민 얘기를 멈추지 못하는 친구……. 물론 이들을 문전박대할 수는 없다. 아무리 공부가 중요해도 나를 찾아준 고마운 친구들을 소홀하게 대할 수는 없다. 열렬히 환영하고 이야기를 들어주되, 시간 제한을 지키는 원칙이 필요하다.

그나마 우리 학교는 산골짜기에 있어서 유혹의 종류가 많지 않은 편이다. 도시의 친구들은 친구와의 만남, PC방 게임, 핸드폰 통화, TV 등등 수많은 유혹들과 싸워야 하니 우리에 비해 불리한 게임을 하고 있는 셈이다.

이런 유혹에 맞서 버텨내려면, 결국 자기 원칙을 지키려는 의지, 자신과의 약속을 소중히 실천하는 성실함밖에 없다.

나에게 맞지 않은 공부 방법은 버린다

공부를 잘하려면 필기를 잘하라는 말을 많이 들었을 것이다. 나도 이런 말을 수없이 들었다. 심지어 TV에서도 필기의 중요성을 강조하면서 형형색색의 볼펜을 사용하라든지, 노트를 어떻게 이용하라든지 등등의 여러 가지 팁을 가르쳐주다 보니, 나 역시 한동안 필기를 열심히 해야 한다는 강박관념에 시달리게 되었다.

민사고에 입학하면서 새롭게 결심한 것도 '필기를 열심히 하자'는 것이었다. 중학교 때 워낙 필기에 소홀했기 때문에 늘 나에게 부족한 2%가 필기라는 생각을 갖고 있었다. 그래서 색색의 볼펜을 사서 노트정리를 열심히 해보았다. 예전에는 수업시간에 선생님 말씀의 요점을 중간중간 메모하면 그만이었는데, 이제는 문장을 통째로 받아쓰면서 색 볼펜으로 표시도 하고, 밑줄도 긋고, 표를 그리기도 했다. 예쁘게 필기를 하는 뿌듯함이 있긴 했지만, 필기를 하느라 바빠 선생님 말씀을 느긋하게 음미할 시간이 없었다.

'그래도 필기는 중요해. 계속 해야 해.'

그렇게 필기를 계속했다. 그러나 정작 시험 때가 다가와도 그 노트를 전혀 들여다보지 않았다.

나의 공부는 교과서를 여러 번 읽는 위주이기 때문에 노트와는 인연이 없었다. 교과서를 읽다 보면 선생님이 수업 중에 해주신 말씀이 자연스럽게 연상이 되어서 따로 노트를 볼 필요가 없었던 것이다.

결국 노트필기를 그렇게 열심히 하지 않기로 했다. 노트정리를 100% 활용하는 친구에겐 이 방법이 중요하겠지만, 나에게는 맞지 않았다. 간혹 친구들 중에는 노트필기가 중요하다는 이유 하나만으로 크게 활용도가 없는 노트필기를 목숨 걸고 하는 경우가 있다. 그러나 맞지 않는 방법은 버리는 게 낫다. 공부를 잘하는 법이란 결국 나에게 맞는 방법을 열심히 찾아내고, 맞지 않는 방법은 버리는 것이 아닐까? 모든 학생들이 노트필기의 중요성을 강조한다 해도, 나에게 맞지 않으면 아닌 것이다.

같은 이유로 나는 단어장도 만들지 않는다. 중학교 때 몇 번 만들어보았지만, 늘 흐지부지 되고 말았기 때문이다.

서점에 가면 공부법에 대한 책이 참 많다. 나도 한두 권 읽고 그대로 실천하려고 노력한 적도 있었다. 그러나 아무리 공부를 잘하는 사람이 추천하는 방법이라 해도 모든 것이 나에게 100% 맞을 수는 없다.

나에겐 나만의 방식이 있는 것이다. 다른 사람의 방식을 참고하되, 나에게 맞는 것만 골라서 활용하면 된다.

Know How Do How

강추! 토론 및 발표 잘하는 법

☆ 8기 김여섭

1) 확신 있는 어조로 자신 있게 말하라

발표를 효과적으로 하기 위해서는 우선 자신이 알고 있는 바, 그리고 자신이 말하고자 하는 바에 대해 확신을 가지고 있어야 한다. 자기가 하는 말에 확신이 없는 상태에서 발표를 하면 자연히 어조나 말소리, 그리고 속도가 불안정하게 되고, 그렇게 되면 자연적으로 설득 혹은 설명이 불가능해진다.

2) 논리적 비약을 경계하라

사람들을 설득하기 위해서는 반드시 합리성과 논리성, 주장과 근거의 타당성, 연관성을 갖춰야 한다. 약간의 논리적 비약은 말하기를 잘하면 커버가 될 수 있다고 생각하겠지만 구체적인 예를 들지 못하면 오히려 자신의 얄팍함을 드러내는 결과를 부른다. 따라서 토론이나 발표를 할 때에는 우선 그 내용에 대해 완전히 숙지하고 있어야 한다. 철저한 준비만이 가장 훌륭한 대책이다.

3) 자세, 발음, 제스처 등에 신경을 써라

발표를 할 때에는 발표 내용에 못지않게 발표하는 태도도 중요하다. 똑똑하고 분명한 발음으로 천천히 말하며, 시선은 자연스럽게 발표를 들고 있는 사람들을 바라보아야 한다. 또 지나치지 않은 한도 내에서 가끔 설명에 도움이 될 만한 제스처를 곁들여 주어야 한다.

효과적인 스트레스 관리법

☆ 9기 최은영

1) 스트레스를 종이에 시시콜콜 써라

스트레스를 받으면 무조건 발산해야 한다는 것이 내 생각이다. 발산한다고 하면 대부분 소리를 지르고, 무언가를 부수는 등 과격한 방법만을 생각하는데, 내가 말하는 발산은 종이에 자신의 고민이 무엇인지 차분한 마음으로 써보는 것이다. 마치 하소연하듯이 고민들을 줄줄이 쓰다 보면 후련해지기도 하고, 또 쓴 것을 천천히 읽어보면 별것도 아닌 것 같고 스트레스를 받은 것 같아 멋쩍어지기도 한다. 한 일주일쯤 지나서 읽어보면 "내가 이런 적도 있었나?" 할 정도로 까맣게 잊어버리는 경우도 있을 것이다.

2) 친구에게 조언을 구하라

스트레스는 혼자 품은 채 고민하지 말고 어떤 방법으로든 공유해야 한다. 룸메이트나 친한 친구에게 고민을 털어놓으면 의외로 상대방도 같은 고민을 하고 있는 경우가 많다. 나의 고민을 다른 사람들이 공감해 주고 이해해 주는 것만으로도 큰 위로가 된다.

3) 잊어버리려고 의식적으로 노력하라

고민에 집착하다 보면 고민의 강도는 더욱 커진다. 또한 고민의 대부분이 일어나지도 않은 일이거나, 당장 해결될 수도 없는 일이다. 그러니 과감히 잊어버리자. 고민할 새가 없을 정도로 바쁜 생활을 하거나, 혼자 있는 시간을 줄이고 친구들과 같이 있으면 한결 고민이 덜해진다. 모든 신경과 관심을 '지금 여기, 이 순간'으로 돌려보자. 그편이 훨씬 생산적이다.

4) 스트레스를 이용하라

스트레스는 열정과 오기의 동력이 될 수 있다. 예를 들어 다른 학생들에 비해 내가 부족하다는 열등감에 시달린다고 하자. 이 열등감 때문에 공부 의욕이 사그라질 수도 있지만, 반대로 열등감을 통해 더 열심히 노력하는 에너지를 얻을 수도 있다. 공부를 굴곡 없이 꾸준히 하는 아이들은 대부분 이런 노력의 에너지가 큰 사람들이다.

5) 체력에서 이겨라

몸이 피로하면 자꾸 쉬고 싶고 무기력해져서 자연히 의욕을 잃게 된다. 그것이 고스란히 이유 없는 스트레스로 나타난다. 평소에 규칙적인 생활습관을 가지고 체력을 길러두어야 이런 스트레스를 미연에 방지할 수 있다. 밤을 새면서 무리를 하거나, 살을 뺀다고 평소와는 다르게 적게 먹는 것 등은 당장은 효과가 있을지 모르지만 장기적으로는 공부에 가장 필요한 체력을 저하시키는 결과를 가져온다. 피로한 날에는 평소보다 일찍 자는 현명함도 필요하다.

효과 100% 집중력 향상 비결

☆ 민사고 학생들의 제안

1) 주위 환경이 공부하기에 적당해야 한다

　개인에 따라 책상에 공부하는 교과목 외에 다른 책이 없어야 공부가 잘되는 학생이 있는 반면, 너무 깨끗하면 오히려 공부가 잘되지 않는 학생도 있다. 일반적으로 매우 산만한 환경에서 공부가 잘되는 학생은 극소수이다. 정리정돈에 소홀한 학생들은 시험기간이 시작되기 전에 대청소를 하는 것을 볼 수 있는데, 평소에 늘 정리하는 습관을 들여놓으면 이런 수고를 덜 수 있다. 그 외에도 자주 환기를 시켜서 방을 쾌적하게 유지하고 조명, 온도 등도 자신에 맞게 조절하는 노력이 필요하다. 특히 겨울철에는 환기가 건강과 직결될 수 있으니 춥더라도 두세 시간 간격으로 창문을 열어놓도록 하자.

2) 음악은 집중력을 떨어뜨린다

　민사고는 주변의 산 덕분에 시원한 바람소리가 끊이지 않는 조용한 곳이다. 자연의 소리 속에서 우리는 고도의 집중력을 발휘할 수 있다. 헤드폰을 끼고 음악을 들으며 공부하는 사람들은 이 천혜의 환경을 제대로 이용할 줄 모르는 것이다. 만약 음악을 듣지 않으면 공부할 수 없는 사람이라면 되도록 잔잔한 경음악, 클래식 등을 들어서 음악에 집중하지 않고 공부에 집중할 수 있어야 한다.

3) 휴식한다

머리는 채운 후에 비워주어야 다시 채울 수 있다. 공부를 시작하고 한두 시간이 넘으면 집중력이 저하되는 시점이 반드시 온다. 이때 계속 공부하는 것보다는 잠시 책을 덮고 심호흡이나 스트레칭을 하는 것이 바람직하다. 10분 정도 맑은 공기를 쐬고 오면 집중력이 다시 원래의 수준으로 상승할 것이다.

4) 집중에 방해가 되는 것을 미리 치워둔다

컴퓨터, 자꾸 울리는 핸드폰, 다 읽지 못한 소설책, 잡지책 등은 우리가 신경 쓰지 않는다 해도 자꾸 우리의 눈과 귀를 방해하는 요소가 된다. 특히 컴퓨터는 무의식적으로 인터넷에 접속해서 클릭을 하게 만드는 애물단지다. 그러므로 공부를 하기 전에는 컴퓨터를 끄는 것이 좋다. 나머지 집중력을 방해하는 물건들도 서랍 안에 넣어 두는 것이 좋다.

5) 잠을 충분히 잔다

공부 에너지는 영양가 있는 식사, 체력, 그리고 충분한 잠에서 나온다. 잠을 잘 자지 못하고 공부를 하면 똑같은 공부를 해도 효율성이 절반 이하로 낮아지는 것을 볼 수 있다. 이것은 수면 부족이 집중력 방해의 주원인이기 때문이다. 민사고는 워낙 해야 할 공부가 많은 곳이기 때문에 잠을 충분히 잘 수 있으리라는 기대는 접는 것이 좋다. 하루 7~8시간 잠을 자야 건강을 유지할 수 있다고 하지만, 민사고 학생들의 평균 수면시간은 4~5시간에 불과하다. 모든 피곤을

회복하기에는 턱없이 부족한 시간이지만, 그래도 숙면을 취하고 낮의 자투리시간을 잘 활용하면 집중력에 큰 방해가 되지 않을 정도로 컨디션을 조절할 수 있다. 9시 쉬는 시간, 점심을 먹은 이후의 휴식 시간 등에 낮잠을 자두면 저녁 자습시간의 학습 효율이 훨씬 좋아질 것이다.

과목별 집중공략 공부법
국어공부의 절대 진리 ☆ 9기 인문반 곽보영

1) 독서하라, 독서하라, 독서하라

국어를 잘하는 아이들을 보면 대체적으로 어릴 때부터 동화, 위인전, 소설, 고전, 에세이 등등 많은 책을 읽어왔다는 것을 알 수 있다. 국어 실력은 공부를 통해 하루아침에 쌓이는 것이 아니라 책 읽기를 통해 서서히 쌓이는 것이기 때문이다.

민사고에서는 독서시험이 자주 있어서 자칫 책 읽는 것을 고역으로 여기기 쉽다. 하지만 효율적인 독서를 위해서는 반드시 흥미를 가지고 읽어야 한다. 책 읽기는 무엇보다 '자기주도적'인 것이 중요하기 때문이다. 또한 책을 읽고 독서노트를 정리하는 습관을 기르자. 감명 깊었던 구절을 적어놓고, 중심 내용과 책을 읽으면서 들었던 생각에 대해서도 간단히 정리해 보자. 독서노트에 정리한 내용들은 나중에 다른 글쓰기에 귀중한 자료로 활용될 것이다.

2) 신문을 읽어라

민사고 학생들은 강원도 산골에 살고 있기 때문에 자칫 시사문제에 둔감해지기 쉽다. 이런 단점을 커버해 줄 수 있는 게 바로 신문이다. 신문을 읽을 때에는 현 시점에서 사회적으로 부각되는 이슈들을 중심으로 읽고, 필요한 경우 스크랩을 하여 기사의 요지나 논점, 자신의 생각 등을 간단히 정리해 보는 훈련이 필요하다. 또한 신문을 읽을 때에는 비판적인 시각을 잊어서는 안 된다. 신문마다 성향과 논조가 다르기 때문에 사건을 왜곡되게 보도하는 경우가 종종 있기 때문이다. 같은 기사를 본 후 친구와 토론해 보는 것도 비판적 시각을 기르는 좋은 방법이다.

3) 모르는 단어는 반드시 체크하라

모르는 단어는 사전을 찾아야 한다. 모국어라고 대충 감으로 맞추다간 실전에서 큰 코 다칠 우려가 있다. 사전을 통해 단어의 정확한 뜻과 함께 미묘한 뉘앙스를 구분하는 능력을 키워야 한다. 영어 단어장을 만들듯이 국어 단어장을 만드는 것도 효과적일 것이다.

4) 다작하라

많이 읽고 고민하며, 또 많이 쓰는 것이 국어공부의 지름길이다. 민사고 커리큘럼은 워낙 쓰는 숙제가 많기 때문에 숙제만 열심히 해도 작문 실력이 향상된다. 선생님들의 평을 꼼꼼히 챙겨서 자신의 글에 반영하는 것도 중요하다. 또한 글을 쓸 때는 개인적인 글 외에도 시사문제에 대한 논술이라든지 짧은 시, 소설 등을 써보는 것도 좋은 방법이다. 특정 장르를 가리지 말고 모든 글을 두루 써보아야 균형적인 글 감각을 익힐 수 있다.

영어공부의 정도 ☆ 9기 인문반 김정현

1) 닥치는 대로 읽어라

신문기사의 헤드라인, 「타임Time」지에 나오는 조그마한 광고, 제품에 붙어 있는 문구까지도 영어라면 무조건 읽어대는 사람이 되자. 이것이 진짜 영어이기 때문이다. 교과서만 읽는다면 그것은 죽은 공부이지 산 공부가 아니다. 특히 영화 포스터의 카피는 함축적일 뿐만 아니라 최신 표현을 익힐 수 있는 좋은 소재다.

2) 영어로 쓰기를 즐겨라

영작문 실력이 좋든 아니든, 자신의 생각을 영문으로 표현하는 훈련을 계속 해야 한다. 영어를 잘하는 대부분의 토종들이 어린 시절 일기나 편지를 영어로 썼던 경험을 갖고 있다. 영어로 글쓰기는 영어의 감각을 익히고 어휘를 늘리는 훌륭한 방법이다. 단 쓰고 넘기지 말고 반드시 주변에 영어를 잘하는 친구나 선생님에게 보여드려 무엇이 틀렸는지 체크해야 발전이 있다. 또한 한영사전을 찾아보는 습관을 줄이기를 권하고 싶다. 한영사전은 영어를 한국말에 무턱대고 끼워 맞추는 식이라서 진짜 영어 감각을 익히는 데에는 큰 도움이 되지 않는다.

3) 영어 TV, 영화를 많이 보라

토플교재의 반듯한 발음에만 익숙한 사람들은 케이블 TV의 미국 드라마 내용을 제대로 이해하지 못한다. 정말 살아 있는 영어 발음에 귀를 트이게 하려면 CNN, AFKN, 여러 미국 드라마, 영화 등을 많이 보아야 한다. 민사고에는 도서관의 미디어실에 고등학생들이 볼 만한 많은 영화 비디오, DVD 등이 대여가 가능하다.

4) 수능 대비 영어공부는 문제풀이 위주로!

독해는 수능 기출문제들을 많이 풀어보고 그 유형을 익혀둔다. 특히 문제 푸는 데 시간이 많이 걸린다면 그 유형만 익혀두어도 큰 도움이 될 것이다. 문법은 토플공부에서 많이 풀었던 문법문제만으로도 대비가 가능하다. 어휘는 토플 어휘 수준이면 충분히 풀 수 있는 단어들이므로 토플공부를 게을리 하지 않는 것으로 대신할 수 있다.

수학공부의 자세 ☆ 9기 자연반 김동관

1) 계산하기 이전에 이해하라

수학은 단순한 암기나 계산으로 되지 않는 '이해의 학문'이다. 공식을 암기해도 이해가 수반되지 않으면 변형된 문제, 창의적인 문제에서는 힘없이 무너지게 된다. 따라서 이해를 위한 기본 개념이 필요하다. '함수란 무엇인가', '그래프 상에서 어떻게 그릴 수 있나', '도형에서 점과 선이 의미하는 것은?' 이런 기본 개념에 대한 확실한 이해가 깔려 있어야 수학적 사고가 생기게 된다.

2) 예습과 복습을 열심히 하라

다른 과목도 마찬가지겠지만, 수학은 그날그날 이해하지 못하고 넘어가면 기초를 놓쳐서 돌이킬 수 없는 상황에 들어서게 된다. 따라서 그날 배운 내용은 그날 완전히 이해하고 넘어가야 한다. 그 방법은 간단한 예습과, 수업 후 바로 이어지는 복습이다. 복습을 하면 배운 내용이 머리에 오래 남게 되어 수학 저력이 생기게 된다.

3) 최대한 자기 힘으로 풀어라

수학은 스스로 고민해서 풀어야 한다. 잘 안 풀린다고 뒷면의 해법을 미리 보게 되면 그만큼 본인 스스로 고민하는 부분은 줄어들어 수학적 사고가 잘려버린다. 수학적 사고란 여러 각도에서 다르게 생각할 수 있는 사고를 말한다. 똑같은 문제라도 어떻게 사고하느냐에 따라 푸는 방법은 10개가 될 수도 있고 100개가 될 수도 있는 법이다. 이런 수학적 사고를 습득해야 진정으로 수학을 알게 되는 것이라 말할 수 있다. 수학적 사고를 키우는 방법은 스스로 끝까지 고민하는 것이다.

4) 실수를 인정하고 개선하라

문제를 풀었더라도 영 찜찜함이 가시지 않는 경우가 있다. 그것은 너무 복잡한 방법으로 풀었기 때문이다. 수학적 사고의 가장 큰 힘은 복잡한 문제까지도 단순하게 바라보아 그 해결의 지름길을 찾는 것이다. 만약 자신이 푼 방법이 너무 복잡했다면 더 단순한 방법을 찾아서 반성하는 시간을 가져야 한다. 따로 오답노트나 반성노트를 마련하여 이런 문제들을 정리해 두면 취약점을 극복하는 데 큰 도움이 될 것이다.

과학공부의 시각 ☆ 9기 자연반 배 환

1) 암기는 없다. 이해하라

과학은 생물을 포함하여 지구과학까지 모두 암기과목이 아니다. 과학을 잘한다는 것은 기본 개념을 확실히 익혀서 어떤 문제에서도 그 개념들을 응용할 수 있다는 것이다. 특히 과학 용어 하나하나의 개념을 제대로 알아야 한다. 과학은 암기해야 할 따분한 과목이란 생각을 버리고 이야기처럼 이해해 보자.

2) 그러나 암기하라

과학은 암기과목이 아니지만, 공식은 미리 암기하고 있어야 문제를 풀기 편리하다. 암기는 공부가 아니라 기술로써 꼭 필요하다.

3) 교과서만 읽지 말고 여러 과학 서적을 이용하라

과학은 호기심을 풀기 위한 학문이므로 교과서 이상의 풍부한 상식이 필요하다. 청소년의 눈높이에 맞는 과학잡지, 과학 시리즈 책 등을 많이 읽어두면 그만큼 배경지식이 많아지기 때문에 개념 이해도 빨라진다.

4) 숲을 보라

각각의 개념을 이해했다면, 그 개념을 한 덩어리로 묶어야 한다. 세부적인 지식을 아는 것도 중요하지만 더욱 중요한 것은 전체를 보는 시각이다. 나무 한 그루 한 그루에 집중하되, 숲을 볼 줄 아는 넓은 눈이 필요하다.

* 〈Know How Do How〉는 민사고 학생들이 자신들의 공부 노하우, 학교생활의 고민, 해결 방법 등을 자유롭게 게재한 글들을 민사고 상담실에서 묶어 펴낸 교내 문지이다. 여기에 실린 글들은 그중 발췌한 것들이다.

Teacher's Guide

머리만 갖고는 사람이 될 수 없다
☆ 예체능과 수석교사 성현제 선생님

"육체가 튼튼해야 정신도 튼튼하다!"

민사고는 처음 출범 당시부터 예체능 교육에 소홀하지 않은 고등학교임을 강조해 왔다. 그래서 체육시간이 거의 구색 갖추기에 불과한 일반 고등학교와는 달리 체육 교육에 큰 공을 들여왔다. 전교생이 아침마다 검도, 태권도, 태극기공 등을 연마하고 있으며, 학교 내에 농구와 배구를 할 수 있는 실내 체육관, 육상 트랙, 인도어 골프장, 국궁장, 잔디구장 등이 있다. 인조잔디가 깔린 테니스장은 무려

10개 이상이나 된다. 커리큘럼을 살펴보면, 민족반의 경우 1학년 때는 국궁과 골프, 2학년 때는 댄스스포츠(여자)와 야구(남자) 같은 단체운동이 필수이다. 3학년 때는 테니스, 배드민턴, 탁구 중에서 선택을 한다. 국제반의 경우는 1학년 때 국궁, 축구, 검도, 소프트볼을, 2학년 때는 골프, 태권도, 댄스스포츠, 탁구, 농구 등을, 3학년 때는 단체스포츠를 한다. 이밖에도 계절 스포츠로 겨울에는 스키, 스노보드 등을, 여름에는 래프팅, 수영, 비치캠프 등을 한다.

시설면에서도 어느 체육고등학교에 뒤지지 않는다. 특히 자랑할 만한 것은 국내 최장 길이를 자랑하는 우레탄 트랙이다. 우레탄 트랙은 충격 흡수가 뛰어나서 인체에 무리를 주지 않는 것으로 유명하다. 학생들뿐 아니라 지역의 육상선수들도 가끔 와서 애용할 정도로 시설이 대단하다.

또한 민족관 앞마당에 있는 국궁장은 고등학교로서는 보기 드문 시도라는 점에서 크게 평가받을 만하다. 국궁은 균형 잡힌 체력과 더불어 집중력 향상에 좋은 운동이다. 수업시간을 통해 국궁의 매력에 사로잡힌 학생들은 국궁부 동아리에 가입하기도 한다. 동아리 학생들은 매년 전국궁도대회와 육군참모총장기 궁도대회에서 상을 휩쓸고 있다.

인도어 골프장은 지하 1층, 지상 3층 규모로 각 층마다 17명이 동시에 연습할 수 있다. 골프 연습장을 만든 이유는 집중력과 판단력을 기르는 데에 골프가 큰 도움이 되며, 동시에 앞으로 리더가 될 사회 엘리트로서 골프 교육이 필요하다고 판단했기 때문이다. 이러한 운동 시설 외에 민사고에는 '헬스클리닉센터'라는 건강관리 시설도 있다. 이곳에는 안마기, 지압기, 이완기, 벨트마사지기, 등 펴주기 기계 등이 설치돼 있어서 공부 때문에 아픈 몸을 풀어줄 수 있다.

이처럼 다양한 체육활동은 학생들의 인성을 길러주고, 창의력과 협동심을 키우는 등 중요한 의미가 있다. 또한 체육은 학생들이 스트레스를 해소하는 가장 건강한 방법이기도 하다.

꾸준히 가랑비를 맞아라

☆ 지광현 국어선생님

국어 실력은 독서와 작문, 그 두 가지에 의해 좌우된다고 할 수 있다. 많이 읽고, 많이 생각하고, 많이 쓰면서 이해력, 사고력, 표현력을 키우는 게 국어공부의 핵심이다.

이것은 국어 과목 단 하나의 문제가 아니다. 대학입시는 수능, 논술, 심층면접, 내신으로 이루어지는데, 이중 논술과 심층면접은 평소의 꾸준한 독서와 작문을 통한 이해력과 사고력, 표현력 등을 보는 것이다. 다시 말해서 수학이나 과학 과목에서 심층면접을 할 때에도 국어 실력이 절실히 필요하다.

문제는 국어 실력은 결코 하루아침에 이루어지지 않는다는 것이다. 그야말로 가랑비를 맞듯이 꾸준히 공부해야 결실을 맺을 수 있다. 책 몇 권 읽었다고, 글 몇 편 썼다고 당장 국어 실력이 키워지는 것은 아니다. 장시간 꾸준히 읽고, 생각하고, 쓰면서, 조금씩 국어의 힘을 쌓아 나가야 한다. 물론 이렇게 한다고 해서 금방 그 결과가 나타나는 것은 아니다. 국어점수는 잘 오르지도 않고, 또 잘 내려가지도 않는다. 공부를 열심히 해도 제자리걸음인 경우가 많고, 또 안 한다 해도 크게 내려가지는 않는다. 하지만 계속 안 하면 어느 순간 점수는 추락하고 말 것이다. 반면에 꾸준히 하면 반드시 점수가 오르게 되고, 그렇게 올라간 점수는 좀처럼 내려오지 않는다.

수능공부에서 학생들이 특히 주의를 기울어야 할 것은 비문학 분야다. 문학은 교과서와 참고서 공부만으로도 어느 정도 성적이 나오지만, 비문학은 철저히 학생 개인의 독서에 의해 좌우된다. 학생들이 수능의 언어영역을 어렵게 느끼는 것도 바로 이 비문학 분야의 지문이 어렵기 때문이다.

또한 많은 학생들이 독해문제를 풀 때 문제에 집착하는 모습을 보이는데, 중요한 것은 지문에 대한 이해이지 문제가 아니다. 한 지문에 주어지는 5~6개의 문제를 잘 풀기 위해서는 지문에 대한 100% 이해가 필요하다. 따라서 국어공부를 할 때에는 지문을 확실히 이해하려고 넘어가야 한다.

어떤 학생들은 시계를 옆에 놓고 언어영역 문제풀이를 하는데, 이것도 크게 잘못된 공부 방법이다. 시계를 놓는다는 것은 빨리 풀겠다는 뜻인데, 그래서는 제대로 지문을 이해할 수 없다. 언어영역 시험에서 부족한 것은 시간이 아니라 독해력이다. 독해력은 지문을 철저히 이해하는 공부를 통해 키울 수 있다. 교과서와 참고서만 공부한 학생은 최대 95점까지 얻을 수 있다. 하지만 나머지 5점은 풍부한 독서를 통해 이해력과 사고력을 키운 학생의 몫이다. 상위권에서 5점의 차이는 중요한 의미가 있다.

코치가 누구건 수영은 선수가 한다

☆ 전수인 영어선생님

영어공부를 잘하기 위해서는 우선 영어공부의 기본인 단어공부를 열심히 해야 한다. 영어공부는 읽기, 듣기, 쓰기, 말하기로 나누어지는데, 이 모든 것의 바탕에는 단어가 있기 때문이다. 민사고가 학생들에게 무섭도록 단어공부를 시키고 시험까지 보는 것도 바로 그 이유다.

영어를 배움에 있어서 가장 중요한 것은 학생이 직접 영어를 써봐야 한다는 점이다. 코치가 아무리 수영 잘하는 방법을 가르쳐준다 해도, 결국 중요한 것은 선수가 실제로 수영을 해야 한다는 것이다. 즉 영어를 모국어로 쓰는 외국인과 직접 접하며 공부한다거나 비디오, 오디오, 인터넷 등의 시청각 자료를 활용하는 것이다.

중요한 것은 일단 영화나 팝송, 오디오북 등을 선택했다면 그 하나를 깡그리 외울 정도로 반복해서 보아야 한다. 100번을 들어서라도 다 외우는 것이 좋다. 그래서 들을 수 있게 되면, 점차 말할 수도 있게 된다. 말하기는 들은 것을 흉내 내는 것에서부터 시작되기 때문이다. 이 과정에서 듣기가 잘 안 된다면, 이유는 단어를 몰라서일 가능성이 가장 크다. 단어의 뜻을 모르고, 단어와 단어 사이의 연음을 모르고, 단어의 정확한 발음을 모르기 때문이다. 단어공부를 제대로 해야 듣기가 가능해지고, 이어 말하기가 가능해진다. 듣기와 말하기가 가능해지면 좋은 표현들을 익히고 어휘력을 한 단계 업그레이드해야 한다.

읽기공부는 학교에서 주로 수능 대비 차원에서 이루어지는데, 많은 책을 읽는 게 필요하다.

수능의 독해문제가 어려운 이유는 단어가 어려워서가 아니라 배경지식이 부족하기 때문이다. 배경지식이 없으면 단어와 문장 구조를 다 알아도 그 뜻을 모르게 된다. 폭넓은 독서를 통해 다양한 상식을 갖추고 있는 것이 영어점수를 올리는 데에도 도움이 된다.

한 방향만 보면 길이 보이지 않는다
☆ 강명철 수학선생님

수학을 잘하는 학생에게는 반드시 다음 두 가지 중 하나의 특성이 있다. 즉 창의성과 성실성이다. 창의적인 학생은 문제를 놓고 사방에서 검토를 한다. 위, 아래, 옆, 뒤에서 보고, 또 반대로 뒤집어 보기도 한다. 유명 참고서에 나오는 풀이 방법에 얽매이지 않고, 자기 방식대로 여러 방법을 추론하여 창의적으로 문제를 푼다. 하지만 창의력이 없어도 성실하다면 수학을 잘할 수 있다. 타고난 창의력이 없다고 해도 수학적 사고의 방법을 익히며 꾸준히 노력하면 30문제 중에 28문제는 풀 수 있는 수학 머리를 터득하게 된다.

수학은 벼락치기로는 도무지 성적을 올릴 수 없는 과목이기도 하다. 수학은 계산의 학문이 아닌 추론과 이해의 학문이므로, 어린 시절부터 꾸준히 기초공부를 하여 수학 저력을 쌓아두어야 한다. 만약 기초가 부족한 상태로 고등학교에 진학했다면 우선 공통수학을 처음부터 차근차근 보아야 한다. 공통수학은 중학교 수학의 총정리라고 할 수 있기 때문이다.

수학은 많은 문제를 풀면서 실력을 쌓아 나가게 된다. 문제를 풀 때에는, 우선 문제를 통해 확보된 자료를 해석하고, 그 해석과 갖춰진 지식을 바탕으로 풀이 방법을 끌어내야 한다. 만약 그 방법으로 풀리지 않는다면 또 다른 방법을 생각해 본다. 이런 식으로 한 방향이 아닌 여러 방향으로 문제를 보고 다양한 방법을 시도하려는 노력이 필요하다. 똑같은 문제라 해도 어떻게 생각하느냐에 따라 풀이 방법은 수백 가지가 넘을 수도 있기 때문이다.

문제를 풀었다 해도 그대로 만족해서는 안 된다. 자신의 풀이 방법이 과연 수학적으로 가장 세련된 방법인지, 가장 빠르고 쉬운 길이었는지 검증하려는 노력이 뒤따라야 한다. 진정한 수학적 성장은 이 마지막 단계에서 이루어진다.

목표를 향해 자기 페이스로 가라

☆ 나종욱 과학선생님

과학에는 물리, 화학, 생물, 지학 등의 과목이 있는데, 공부 방법이 조금씩 다르다. 물리는 수학적 능력을 필요로 하고, 생물은 이해력과 암기력이 많이 요구된다. 화학은 수학적 능력과 암기력이 함께 필요하고, 지학은 그 모든 과학을 다 포함하는 종합적 학문이라고 할 수 있다. 이런 기본적인 특성을 이해한다면, 스스로 어떤 과목을 선택해서 어떻게 공부할지 자신의 성향에 맞는 방법을 찾아볼 수 있을 것이다.

과학을 공부하게 하는 가장 큰 힘은 '호기심'이다. 과학을 가르칠 때 실생활의 에피소드나 영화, 드라마 등과 관련시켜 설명하면 학생들의 이해도가 배 이상 높아지는 것을 볼 수 있다. 따라서 공부하는 학생 스스로도 단순히 외우려고만 하지 말고 재미와 호기심을 느끼려는 노력이 필요하다. 재미있는 과학잡지를 읽는다거나, SF 과학영화를 많이 본다거나, 혹은 신문의 과학 뉴스를 열심히 챙겨 읽는 것도 호기심을 느끼기 위한 좋은 방법이 된다.

또한 과학책에는 원리와 개념을 설명하기 위한 여러 용어들이 있는데 대부분 한자로 이루어져 있어서 이해하기 힘든 경우가 많다. 용어를 제대로 이해하지 못하고 무작정 외우기만 하면 반드시 문제를 풀 때 곤란을 겪게 된다. 시간이 좀 걸리더라도 친구나 선생님께 도움을 요청하여 용어의 개념을 완전히 이해하고 넘어가야 한다.

과학은 단원별로 따로따로 공부한 것들을 서로 연결시키고 취합하는 능력이 중요하다. 너무 작은 것에만 매달리지 말고 숲을 볼 수 있는 큰 눈을 가져야 한다.

규율 속에서 자유를 누리다

영자신문 기자가 되다

2학년 2학기가 되면서 나는 해비타트 외에 또 하나의 동아리에 가입했다. 바로 「영타임즈」 영자신문 기자활동을 하게 된 것이다.

「영타임즈」는 한국일보사의 「코리아 타임즈」가 발행하는 청소년 영자신문이다. 이 신문은 청소년이 꼭 알아야 할 시사뉴스를 세계 유수의 매체들로부터 받아 싣고 있으며, 학생 기자들을 뽑아 직접 쓴 기사를 싣기도 한다. 민사고를 비롯해서 대원외고, 한영외고, 대일외고, 명덕외고 등 여러 외고 안에 「영타임즈」 동아리가 마련되어 있으며, 동아리 학생들이 합심해서 쓴 기사들을 심의해서 좋은 기삿거리가 되는 것을 실어주고 있다.

약 3개월 동안 참여했는데, 그동안 내가 참여한 기사가 두 차례 실리는 기쁨을 맛보았다. 하나는 KYPT 참여기를 쓴 기사였고, 또 하나는 미국의 명문고를 민사고와 비교하는 심층기사 중에서 왜 민사고가 더 우수한지를 내 입장에서 쓴 글이었다.

그동안 학교 과제를 하면서, SAT 에세이를 훈련하면서 많은 글을 썼지만, 내가 쓴 글이 대중매체로 활자화된다는 건 또 다른 설렘을 안겨주었다. 내 글이 여러 부수로 인쇄되어 독자를 찾아가고 그들에게 좋은 정보를 준다는 건 큰 기쁨이었다.

민사고에는 이처럼 다른 고등학교에서는 시도해 보기 힘든 동아리들이 수없이 많다. 지역의 초중학교 학생들에게 공부를 가르치는 자원봉사 동아리가 있는가 하면, 대취타, 민족오케스트라 등의 음악 동아리도 있다. 축구, 국궁, 농구 등의 체육동아리는 더 말할 나위도 없다. 또한 대한민국 사이버 외교사절단으로 알려진 반크VANK의 민사고 반크 동아리는 학생 차원에서 이루어지는 활발한 사이버 외교활동으로 여러 언론매체에 보도되기도 했다.

엠네스티Amnesty 동아리도 꼭 소개하고 싶다. 엠네스티는 잘 알다시피 인권운동을 하는 국제 NGO이다. 민사고의 엠네스티 동아리는 엠네스티 한국지부와 관련을 맺고 인권과 관련된 여러 사회문제에 대해서 서명운동, 탄원서, 기금마련 등의 운동을 하고 있고, '세계 인권의 날' 행사 때에는 다른 동아리와 연계해서 인권을 주제로 한 연극, 콘서트, 영화 등도 선보이고 있다. 국제 시민단체에서의 활동, 사회문제에 관심이 많은 학생이나 리더십을 기르고 싶은 학생들에게 적극 추천하고 싶다.

'속삭임'이란 동아리는 학생의 고민을 학생이 들어주는 '또래 상담 동아리'인데, 나도 이 동아리에서 활동을 하고 있다. 상담에 대한 전문지식은 부족하지만 친구들의 고민을 같은 입장에서 들어주고 서로 위로해 주다 보니, 나에게도 큰 도움이 되었다. 나뿐만 아니라 친구들이 고민하는 것들을 함께 공유함으로써 극복할 힘을 얻을 수 있었다.

민사고에서는 본인만 부지런하면 숫자의 제한 없이 좋은 동아리에 마음껏 들 수 있다. 3년 동안의 시간을 잘 쪼개어 들고 싶은 동아리를 최대한 경험할 수도 있다. 빡빡한 수업과 공부 탓에 고등학교 시절 동아리활동은 구색뿐인 경우가 많다. 그러나 민사고의 동아리 활동은 저마다 하나의 조직으로서 목적과 전략을 갖고 체계적으로 움직이고 있다.

아침 검도가 지켜준 건강

민사고에 입학하고 검도를 시작한 지 이제 2년을 채워가고 있다. 검도는 요즘 내가 가장 즐기는 생활운동으로 단도 따고 검도대회에 나가 상도 받았지만, 처음 입학했을 때는 검도처럼 원망스러운 것도 없었다.

매일 새벽 6시, 졸린 눈을 비비며 아침운동을 나갈 때면-우리끼리는 '기氣 나간다'고 말한다 – 저절로 입이 삐죽거려졌다. 참여하지 않으면 태도점수에서 벌점을 받으니 안 갈 수도 없었다. 헐렁한 검도복을 입고 앞이 하나도 보이지 않는 산골학교의 언덕을 엉금엉금 기어가 체육관으로 향할 때면 왜 내가 민사고라는 학교에 와서 이 고생을 해야 하는지 회의가 들기도 했다.

더구나 민사고의 아침운동은 검도와 더불어 태권도, 태극기공 등 모두 정신수양과 관계가 있는 것들이어서 때로는 혹독할 정도의 수련을 시켰다. 가장 힘든 것은 눈이 내린 운동장을 맨발로 뛰는 것이었다. 그 상태로 한 바퀴를 뛰고 나면 그 이상 힘든 일은 없을 것 같다는 생각이 들기도 한다.

아침에 일어나는 것만으로도 힘든데, 잠이 깨기도 전에 허겁지겁 운동을 하러 가야 되니 불만이 많을 수밖에 없었다. 특히 시험기간이 되면, 성적을 올리기 위해 일분일초를 아껴가며 공부를 해야 할 중요한 시간에 아침운동을 하러 나가야 하니 운동을 하면서도 다들 안절부절못했다. 일부는 도복 속에 공부할 내용을 깨알같이 적은 쪽지를 숨겨 와서 운동을 하며 틈틈이 외우기에 바빴다.

하지만 점차 시간이 지나면서 우리의 생각은 달라졌다. 아니, 몸이 아침운동에 적응했다고 말하는 것이 더 정확할 것이다. 하루라도 운동을 쉬면 뭔가 허전했고 방학 때에는 운동을 못 해서인지 몸이 개운하지 않았다.

민사고에 오기 전까지는 운동이란 공부를 다 하고 시간이 남을 때

하는 것이라고 생각했었다. 하지만 시험기간에도 절대로 아침운동을 빼주지 않는 민사고는 운동이란 아무리 바빠도 반드시 시간을 내어 매일 해야 하는 것이라는 걸 가르쳐주었다.

3년이라는 시간 동안 최소 하나의 운동을 계속 하게 되니 나날이 향상되는 실력도 큰 보람이었다. 검도의 경우 대부분 1년 정도가 지나면 단을 딴다. 단을 따고 나면 종목을 바꾸어 태권도나 태극기공에 도전할 수도 있고, 혹은 검도를 계속하여 승단을 할 수도 있다.

나는 지난해에 1단을 땄다. 그리고 검도선생님의 권유로 도대회에도 출전했다. 그 생각을 하면 지금도 너무나 안타깝다. 나와 겨루게 된 아이는 전년도 개인전 우승자였다. 서로 얼굴을 마주보고 인사를 한 후 재빨리 죽도로 머리를 쳐야겠다고 생각하고 있는데, 상대방이 놀랄 만큼 큰 목소리로 기합을 넣는 것이었다. 내가 그 기합소리에 놀라 잠시 멍해 있는 순간, 상대방이 날쌔게 다가와 내 머리를 쳤다. 그걸로 끝이었다. 나는 맞기만 하고 그냥 내려와야 했다. 처음으로 출전한 대회에서 창피를 당했기 때문에 다시는 검도대회에 나가지 않으려고 했다. 하지만 얼마 전 도대회 참가자 모집 이야기를 듣자, 다시 도전해 보고 싶다는 생각이 들었다.

'그래, 이번에 명예회복을 하는 거야!'

검도선생님은 나에게 잘하라는 의미로 주장을 맡겨주셨다.

여자팀은 총 세 명이었는데, 내가 세번째였다. 우리 팀의 첫번째 선수는 이기고 두번째 선수는 졌다. 결국 세번째인 내가 이기느냐

지느냐에 따라 우리 팀의 승패가 갈리게 되었다.

"희정아, 이길 수 있겠니?"

선생님의 물음에 자신 있게 대답할 수 없었다. 게다가 나의 상대는 가장 잘하는 팀의 2단 선수였고 30대 아주머니였다.

'아무래도 5초 만에 맞겠구나……'

잔뜩 긴장한 채 올라갔다. 작년 시합 때 기합소리에 놀라 기가 죽었던 생각이 불현듯 났다. 그렇다면 기합소리라도 우렁차게 질러보면 어떨까?

"으으으……얍!"

순간 상대편이 화들짝 놀라며 뒤로 물러섰다. 내가 생각해도 기합소리가 상당히 컸다. 나 같은 작은 아이의 어디에서 그런 소리가 난 걸까? 기합 때문인지 시합은 쉽게 풀렸다. 첫번째 공격으로 손목을 치자 상대편은 아픈지 '중지'를 외쳤다. 그 다음 공격으로 머리를 쳤다. 이것으로 나의 승리가 되었다. 대회에 나가 처음으로 상대편을 이긴 순간이었다.

민사고에 와서 나를 너무나 힘들게 했던 검도이지만, 그것이 나에게 이런 소중한 체험을 선사할 줄은 미처 몰랐었다. 지금은 순수하게 검도가 좋고, 앞으로 사회에 나가서도 검도만큼은 꾸준히 해나갈 생각이다.

민사고 졸업생 중에 프린스턴대학교에 진학한 선배가 있는데, 그 선배는 대학 진학 후 검도가 너무 그리워서 아예 프린스턴대학교 안에 검도 동아리를 만들었다고 한다. 한번은 그 선배가 아침운동 때 우리를 찾아와 함께 경기를 하기도 했다. 선배는 검도 동아리를 만든 덕분에 캠퍼스 안에서 많은 친구를 사귀었고 리더십은 물론 건강까지 챙기고 있다며 자랑을 했다. 내가 미국 어느 대학에 가게 될지 알 수는 없지만, 그곳에 검도부가 없다면 직접 만들어볼 수 있을지 않을까?

학생법정의 작은 해프닝

1학년 때 기말고사가 끝날 무렵, 나는 기숙사 통금시간을 어겨 학생법정에 불려간 적이 있다. 앞방 친구가 미국으로 떠나기 전 마지막 날이어서 아쉬운 마음에 함께 있다 보니 방으로 돌아갈 시간을 놓친 것이었다.

나는 그때 말로만 듣던 법정 구경을 처음으로 했다. 그 주에는 100명 정도의 학생이 불려왔는데, 모든 학생의 재판 과정을 지켜보자니 너무나 지루했다. 명예위원장이 한 사람 한 사람 이름을 호명해서 이러이러한 잘못을 저질렀으므로 벌점 몇 점을 내리겠다고 하며 "Do you admit?(인정합니까?)"라고 묻는다. 학생은 "Yes(예)"라고 대답한다. 이 과정을 100명을 다 해야 하니, 얼마나 많은 시간이 소요될지 상상이 갈 것이다.

내가 입학하기 전까지는 더 심했다고 한다. 법정에 규칙을 어긴 학생만 불려간 것이 아니라 전교생이 다 모였고, 『명심보감』을 쓰는 벌칙이 아닌 회초리를 맞는 벌을 받았다. 나뭇가지로 만든 회초리로 종아리를 한 대 때리는데 회초리가 부러질 정도로 호되게 때린다. 나는 이 모습을 예비교육기간에 보았는데, 보는 것만으로도 땀이 날 정도였다.

학생법정은 학생들 스스로 규율을 지켜 나간다는 차원에서 만든 것인데, 너무 형식에 치우치는 것이 아닌가라는 비판을 받고 있다. 그래서 점차 고쳐 나가고 있으며, 아직도 고쳐야 할 것이 많다. 학생들 사이에서는 지나치게 엄격한 규율 적용으로 억울한 벌점을 받는 것에 대해서는 충분한 변론의 기회를 주어야 한다는 목소리가 크다. 지금까지의 학생법정은 학생이 잘못을 시인하는 것 외에는 다른 모습이 없었기 때문이다.

내가 직접 보지는 못했지만, 한번은 재미있는 사건이 있었다고 한다. 예전에 선배 한 분이 법정에 불려간 적이 있었다. 선배는 억울함을 호소하고 벌점 취하를 부탁할 생각이었다. 명예위원장은 평소와 다름없이 벌점과 벌점을 주는 이유를 알리고 그에게 물었다.

"Do you admit?"

선배는 여기에 "No(아니요)"라고 대답했다.

예상치 못한 대답에 명예위원장은 당황했다. 지금껏 매주 학생법정을 진행했지만 인정하느냐는 질문에 인정하지 않는다고 대답한 사람은 처음이었던 것이다. 이 상황을 어떻게 헤쳐 나가야 할지 알 수 없었던 명예위원장은 계속 인정하느냐는 질문만 반복했다.

"Do you admit?"

"No."

"Do you admit?"

"No."

"Do you……admit?"

"……Yes."

결국 선배는 4번 만에 항복을 했다.

학생법정을 관장하는 명예위원회는 앞으로 명예위원회의 일을 공화국 형태로 바꾸어 사법부와 입법부로 나눌 생각이라고 한다. 여기에는 학생법정을 융통성 있게 운영하는 민족법전을 편찬하는 계획이 포함되어 있다. 자치위원회는 자동적으로 행정부가 된다. 이제 곧 자기변론, 항소, 재판연기 등이 가능한 보다 유연한 학생법정으로 탈바꿈할 것이다.

나와 친한 국제반 친구 조희경은 지난해에 명예위원회 법무부장을 맡았다. 덕분에 나는 학생회 임원들이 어떤 수고를 하고 있는지 가까이서 지켜볼 수 있었다. 희경이는 매주 목요일에 열리는 학생법정을 위해 늘 법정 리스트를 만들고, 학생에게 이 사실을 알리고, 학생의 사정에 따라 연기를 시키는 등의 업무를 처리하느라 격무에 시달렸다. 법정 리스트는 학생들의 프라이버시가 걸린 문제이기 때문에, 희경이는 다른 친구들에게 도움을 요청하지도 못하고 늘 혼자서

해내야 했다. 시험기간에도 법정 리스트를 만들며 애쓰는 친구를 보니, 학생회 활동이란 상당한 책임이 따르는 것이며, 전교생을 위한 봉사라는 생각이 들었다. 희경이는 법무부장 활동을 하면서 많이 힘들기도 했지만 리더십과 사명감을 배울 수 있는 좋은 시간이었다고 말한다. 또한 다른 아이들보다 훨씬 돈독한 선후배 관계를 맺을 수 있다는 것도 희경이에게는 큰 의미였다고 한다.

민사고는 이 나라의 지도자, 즉 리더를 양성하는 학교로 출발했다. 진정 리더가 되고 싶은 사람이라면 민사고에 와서 단 한 학기라도 학생회 임원활동을 해보라고 권하고 싶다. 민사고는 리더형 인간이라기보다 개인 플레이어에 가까운 나조차도 리더십에 관심을 갖게 만들었다. 임원활동을 하면 조직적인 사고, 지휘 능력을 기르는 데 확실히 큰 도움이 될 것이다.

하루의 시작과 마감 – 혼정신성의 시간

혼정신성昏定晨省이란, '밤에 잘 때 부모의 침소에 가서 밤새 안녕하시기를 여쭙는다'는 뜻의 혼정昏定과 '아침 일찍 일어나 부모의 침소에 가서 밤새의 안후安候를 살핀다'는 뜻의 신성晨省이 결합하여 이루어진 말이다. 부모에 대한 공경과 효를 강조한 사자성어인데, 민사고에서는 이것이 아침운동과 저녁조회를 의미하는 단어로 공공연히 쓰이고 있다.

아침운동은 검도선생님께 인사를 드리고 시작하는 '신성' 시간이고, 저녁조회는 사감선생님의 말씀을 듣고 하루를 마감하는 '혼정' 시간이다. 혼정시간은 남학생은 저녁 9시, 여학생은 저녁 9시 30분으로 나눠서 진행된다. 우선 사감선생님의 말씀을 들은 후 큰절을 올리고 해산하는 형식이다.

처음 혼정시간을 경험할 때에는 무척 긴장되고 어색했던 기억이 난다. 90명이나 되는 여학생들이 모두 모여 줄지어 앉아 사감선생님께 큰절을 올렸다. 한복까지 입고 있어서 마치 차례를 지내는 것처럼 분위기가 엄숙했다. 절을 올리면서 혹시 발이 꼬여서 넘어지지나 않을지 걱정을 하면서도 학교에서 참 특이한 것도 다 해본다는 생각에 우스웠던 기억이 난다.

남자 아이들은 더 심했다고 한다. 사감선생님이 나가시고 나면 갑자기 선배들이 군기를 잡으며 학교 규칙을 주지시키고 기합을 주기도 했다는 것이다. 물론 부모님들이 걱정하시는 폭력사태(?) 같은 것은 전혀 없다. 그저 죽도를 휘두르며 겁을 주는 정도인데, 특히 선배들에게 하는 인사, 선생님에 대한 예의 등을 무섭게 강조했다고 한다.

이러한 혼정시간의 전통은 해를 거듭하며 이어지고 있다. 처음에는 매우 낯설었지만, 이것이 바로 민사고의 전통을 이어가는 우리들만의 방식이라는 생각이 든다.

지금은 혼정신성 시간이 아주 편하다. 사감선생님은 날씨에 대해 얘기하면서 우산을 꼭 챙기라고 하시거나, 생활에 보탬이 될 좋은 말씀들을 해주신다. 감기에 걸려 콜록거리는 아이들이 많은 날에는 비타민을 챙겨 먹으라던지, 감기약은 어떤 제품이 좋다던지, 그런 자상한 말씀을 해주시는데 그럴 때면 마치 부모님 같다.

사감선생님은 혼정신성의 의미를 '보살펴 주는 어른에 대한 아침저녁 문안인사'라고 간단하게 설명해 주셨다. 그때 "너희들 집에 돌아가서도 꼭 아침저녁으로 부모님께 이렇게 인사드려라"라고 하신 말씀이 기억에 남는다. 그 말을 들을 때는 꼭 그래야겠다고 결심했었는데, 집에서는 왠지 쑥스러워서 아직까지 한 번도 해본 적은 없다.

회식과 파티를 즐길 줄 아는 아이들

민사고에는 학생들끼리 하는 회식 문화가 있다. 반별, 동아리별, 혹은 각종 대회에 참가했던 팀별로 끈끈한 회식이 준비된다.

처음에는 아빠나 엄마의 입으로만 듣던 회식을 학생인 우리끼리 한다는 게 너무나 신기했다. 이렇게 학생들이 나서서 회식을 하는 이유는 학교가 시골 산골짜기에 있기 때문이다. 도시의 학교 같으면 간단하게 뒤풀이 식사를 하는 것으로 끝내겠지만, 첩첩산중에 사는 우리들에겐 그럴 여건이 마련되어 있지 않다. 그래서 따로 날을 잡아 공지하여 회식을 하는 것이다.

민사고 학생들의 주 회식 장소는 삼겹살 고깃집이다. '삼정'이라는 곳과 '들꽃 피는 언덕'이라는 두 곳을 번갈아 가며 간다. 이 두 곳은 일단 고기가 맛있고, 학생 주머니에 맞게 가격도 저렴하며, 무엇보다 미니버스로 학생들을 실러 와주고 또 실어다 주기 때문에 우리에게 꼭 맞다. 주인 아주머니와 아저씨도 좋아서 민사고 학생들의 회식이라면 음식을 듬뿍듬뿍 주신다.

현재 나는 해비타트 동아리와 「영타임즈」 기자 동아리, 농구부와 학생회 체육부에 참여하고 있는데, 동아리별로 돌아가며 회식을 하다 보니 거의 한 달에 한 번씩 회식을 하고 있다.

학생식당의 메뉴는 너무나 훌륭하고 맛있지만, 그래도 외부 음식에 늘 굶주려 있다 보니 일단 회식이 있다는 말을 들으면 입에 군침부터 돈다.

물론 우리는 어른들의 회식과는 달리 술은 절대로 입에 대지 않는다. 그럴 마음을 갖는 학생도 없으며, 만약 그랬다간 학생법정에 당장 소환되어 엄청난 벌칙을 받게 된다. 회식이 끝나면 근처에 있는 노래방에 가서 노래도 부른다. 늘 공부에 시달리는 우리들에게 회식은 스트레스를 푸는 좋은 기회이다.

또 하나 빼놓을 수 없는 민사고만의 문화 중 하나는 파티 문화이다. 민사고에서는 늘 크고 작은 파티가 열린다.

가장 큰 파티는 시험이 끝나는 날 벌어지는 댄스파티다. 긴 시험 기간이 끝난 것을 축하하고 그동안 쌓인 스트레스를 마음껏 풀어보자는 의미의 파티로, 이날 저녁만큼은 광란의 밤이 된다. 나는 춤을 전혀 못 추기 때문에 처음에는 댄스파티라는 말에 거부감을 가졌었다. 그러나 파티를 즐기는 데 있어 춤 실력은 문제가 되지 않았다. 신나게 춤을 추는 친구들을 보는 것만으로도 재미있고, 또 자연스럽게 어울리다 보면 어느새 신나게 춤을 추고 있는 나 자신을 발견하게 된다.

파티는 주로 학생자치위원회에서 준비하는데, 때로는 외부에 용역을 의뢰할 정도로 꼼꼼하게 준비한다. 천장에 달린 사이킥 조명이 켜지면 체육관은 훌륭한 댄스 플로어로 돌변한다.

시험 쫑파티 외에도 크리스마스 파티도 큰 행사다. 또 졸업생들이 오는 '홈 커밍 파티Home Coming Party'도 우리에게는 늘 기대되는 일이다. '홈 커밍 파티' 때에는 무대 위에 선배들을 게스트로 모셔놓고 토크쇼를 벌이기도 한다. 졸업 후 학교생활을 묻기도 하고, 장기자랑을 요구하는 등 다양한 쇼가 벌어진다. 우리가 현재 존재하는 장소에 이미 존재했던 선배들의 이야기를 듣는 것은 언제나 새롭다. 아이비 명문대에 진학한 선배들이 올 때면 미국 캠퍼스생활에 관한 조언을 듣느라 질문공세가 이어지기도 한다.

매년 크리스마스 파티 때는 '용기남 용기녀'의 시간이 파티의 하이라이트다. 공식적으로 민사고에서는 이성교재가 금지되어 있지만, 그래도 이날만큼은 아이들 앞에서 용기를 내어 꽃다발을 전해주며 마음을 고백할 수 있다. 지난 크리스마스 파티 때에는 곤란한 상황이 벌어졌다. 용기남이 한 여학생에게 애써 고백을 했는데, 공교롭게도 그 여학생에게는 같은 반에 사귀는 남자친구가 있었다. 그래도 전교생 앞에서 꽃다발을 거부한다면 용기남이 얼마나 상심하겠는가. 그래서 여학생이 손을 내밀어 꽃다발을 받으려는 순간, 무대 아래에 있던 그녀의 남자친구가 무서운 속도로 달려 나와서는 여학생의 손목을 잡고 무대 아래로 내려가 버린 것이었다. 우리는 이 일에 대해 두고두고 이야기하며 눈물을 흘릴 만큼 웃었다. 드라마에서나 나올 법한 장면이었다.

하지만 개인적으로 가장 의미 있는 파티는 친한 친구들이 준비해주는 생일파티다. 우리는 가족과 떨어져 먼 시골에 살고 있기 때문에 가족으로부터 기념일을 축하받기가 힘들다. 대개 엄마 아빠가 케이크와 함께 선물을 보내주시지만, 함께 식사하는 것처럼 좋을 수는 없다.

특히 시험기간 중에 생일을 맞는 아이들은 공부하느라 생일축하도 받지 못하고 넘기는 경우가 많아 서러워할 때가 많다. 물론 학교에서 점심시간을 이용해 한 달에 한 번씩 생일인 아이들을 모아놓고 축하 케이크를 자르기도 하지만, 가족도 옆에 없는데 가까운 친구들의 축하조차 받지 못하면 너무나 우울해진다.

나 역시 늘 시험기간 중에 생일을 치른다. 4월 중간고사를 마지막 하루 앞둔 날이었다. 모두들 마지막 날이라는 생각에 공부에 올인하느라 바빴기 때문에 올해도 그냥 포기하고 공부에 몰두하고 있었다. 갑자기 룸메이트가 자습실로 올라가서 공부를 하겠다며 밖으로 나갔다. 그냥 그렇구나 하고 혼자서 공부를 하고 있는데, 12시 정각에 대여섯 명이 한꺼번에 방으로 쳐들어왔다. 알고 보니 자습실에 간다던 룸메이트가 친구들과 함께 케이크와 선물로 깜짝 파티를 준비한 것이었다. 어느 틈에 내 생일을 축하하는 친구들의 메시지를 담은 롤링 페이퍼까지 만들어두고 있었다. 시험기간 중에 이 모든 것을 준비한 친구들에게 너무나 고마웠다. 우리는 다음 날 마지막 시험이 있음에도 불구하고 새벽 4시까지 이야기꽃을 피웠다. 아쉬운 마음은 다음 날 시험이 끝나고 노래방에 가는 것으로 달랬다.

이렇게 우리는 서로 가족의 빈자리를 메워주고 있다. 2년을 채워가는 지금은, 단순히 가족의 자리를 메우는 것이 아니라 진짜 가족이 되어가는 느낌이다.

5

희정이 어머니의 글

더 넓은 세상의
품으로 떠나다

엄마는 언제나 너의 열렬한 팬이란다

엄마가 좋은 딸을 둔 거죠!

아이들의 초등학교 시절, 오랜만에 담임선생님을 만나는 날이면 나는 덮어놓고 눈물부터 나왔다. 일하는 엄마라는 이유로 늘 바빠서 대부분의 학교 행사에 얼굴조차 내밀지 못했다. 학년 초에 한 번 뵈었던 담임선생님의 얼굴을 학년이 끝날 즈음에야 다시 뵐 때면 면목이 없었다.

담임선생님들은 모두 희정이에 대해 좋은 말씀을 해주셨다.

"희정이는 밝고 명랑하게 잘 지내고 있습니다. 성적도 우수하고, 체육도 잘합니다."

"처음에는 숫기가 없어서 친구를 잘 못 사귀더니, 이젠 단짝도 생기고 아이들과 잘 어울리고 있습니다."

"영어도 잘하지만, 수학을 아주 재미있어 합니다. 수학공부를 좀 더 시켜보세요."

선생님들은 내가 몰랐던 내 딸의 모습들을 생생하게 전해주셨다. 그게 너무 고맙고, 또 죄송해서 자꾸 눈물이 났다.

희정이의 초등학교 4학년 담임선생님이신 장문희 선생님은 내게 평생 잊을 수 없는 특별한 말씀을 해주셨다. 이날 역시 오랜만에 선생님을 찾아뵙는 거라 죄송한 마음에 고개를 들 수가 없었다. 그런 내 속사정도 모르고 다른 엄마들은, 내가 전문직업을 가진 엄마인 만큼 아이를 똑똑하게 잘 키웠다며 한 마디씩 건넸다.

내가 어색해서 어쩔 줄 몰라 하자, 담임선생님이 도와주셨다.

"희정이가 좋은 엄마를 둔 게 아니라, 엄마가 좋은 딸을 둔 거죠."

어떻게 아셨을까? 선생님은 늘 해줄 수 있는 것보다 못 해주는 것이 더 많은 일하는 엄마들의 미안함을 잘 알고 계신 듯했다. 아이들은 저절로 자라는 것일 뿐, 엄마의 의도나 계획에 따라 자라는 것이 아니라는 것도 알고 계셨다.

나는 이 말씀을 평생 기억하기로 했다. 그리고 내 딸이 잘못되어도 나를 탓하지 않을 것이고, 또 잘되더라도 내 공으로 돌리지 않기로 했다. 그건 모두 희정이의 몫이다.

대신 내가 해줄 수 있는 건 사랑밖에 없었다. 너무나 사랑스럽고 예쁜 내 딸. 듬뿍 사랑을 쏟아 자신감을 주고, 언제 어느 곳 어떤 상황에서든 도움을 청하면 달려올 사람이 있다는 걸 알려주고 싶었다.

"희정아, 엄마는 너의 열렬한 팬이야. 엄마는 언제나 네 편이고, 필요할 때면 어디라도 달려갈 거야."

민사고로 떠나보낸 지 2년 남짓이 지났다. 늘 내 품에 껴안고 살 것만 같았던 아이가 이제 제법 어른 티를 낸다.

"엄마, 내가 알아서 할게."

"괜찮아, 혼자서도 할 수 있어."

어리광만 피우던 딸이 이제 어떤 어려움이라도 혼자 헤쳐 나가려 하고, 힘들어도 내색하지 않는다. 그 모습이 대견하면서도 섭섭한 것은 또 왜일까?

승부욕이 남다른 아이

희정이의 초등학교 시절 어느 날, 학교 체육시간에 철봉 매달리기를 했다. 공놀이는 제법 하는 아이가 매달리기는 10초를 채 버티지 못하자, 급기야 선생님에게 한 마디 듣고 말았다.

"너보다 더 마르고 키가 작은 아이들도 20초를 거뜬히 버티는데 너는 왜 못하니?"

선생님의 이 말씀이 희정이를 자극한 모양이었다. 그날 오후 6시가 되도록 희정이가 집에 들어오지 않았다. 기다리다 걱정이 되어 학교로 가보았다.

텅 빈 운동장에서 희정이 혼자 땀을 뻘뻘 흘리며 연습을 하고 있었다. 가느다란 몸집의 작은 아이가 제일 낮은 철봉에 매달려 1초라도 더 버티기 위해 기를 쓰고 있었다.

"희정아, 이제 그만 집에 가서 저녁 먹자."

"안 돼, 엄마. 20초를 넘겨야 해."

결국 내가 시간을 재면서 옆에서 응원을 해주었다. 얼굴이 시뻘게지도록 한 시간 정도 더 연습을 하고 나니 20초를 넘길 수 있었다. 희정이 이마에서 굵은 땀방울이 후드득 떨어졌다.

"와, 이제 됐다! 엄마 배고파. 빨리 가서 밥 먹자!"

나 같으면 철봉 정도야 포기하고 말았을 텐데, 이 작은 아이의 어디서 그런 승부욕이 나오는 걸까?

당시 매주 한 번씩 집으로 찾아와 아이들에게 영어회화를 가르쳐주는 캐나다인 선생님이 있었다. 말이 교습이지 실은 두 시간 동안 신나게 게임을 하며 노는 것이었다. 주로 두 명씩 편을 갈라 보드게임을 했다. 그런데 시간이 지나면서 생각해 보니, 희정이의 두 살 위 오빠와 함께 편이 될 때에는 질 때도 있고 이길 때도 있지만, 희정이와 함께 편을 먹으면 절대로 지는 법이 없었다.

"Hi-Jung, It's strange. You always win!"

희정아, 이상해. 항상 네가 이겨!

선생님도 신기해하셨다.

하지만 승부욕이 강한 만큼 이기지 못했을 때 오는 좌절감도 컸다.

초등학교 4학년 때 희정이가 피아노 연주회에 나갔다. 보름 전부터 같은 곡을 하루에도 수십 번씩 반복해 치면서 악보를 보지 않고 눈감고도 칠 수 있을 정도까지 연습을 했다. 친구들을 초대하고 비디오카메라도 준비해 놓고, 멋진 드레스까지 장만했다. 그렇게 철저히 준비하고 무대 위에 올랐는데, 예쁘게 잘 치던 아이가 중간 부분에서 키 하나를 잘못 누르더니 화음이 와르르 무너지는 것이었다.

이런 경우 얼른 추스르고 제 화음으로 되돌리거나, 처음부터 다시 치는 방법이 있었다. 그런데 희정이는 뻣뻣하게 굳은 표정이 되어 연주를 멈추어버렸다. 다른 아이들은 모두 큰 박수를 받으며 무대를 내려왔는데, 희정이는 침묵 속에서 관객들의 안됐다는 시선을 받으며 무대를 내려와야 했다.

이 일은 아이에게 큰 충격이 되었다. 나는 괜찮다고, 살면서 누구든 실수할 수 있다고 달랬지만 큰 도움이 되지 않았다.

그날 이후 희정이는 피아노 치는 걸 그만두었다. 한동안은 피아노 이야기만 나와도 얼굴이 어두워졌다.

"괜찮아, 피아노 말고도 네가 재미있어 할 만한 건 얼마든지 있어!"

아이에게 괜찮다고 말해 주었지만, 좌절 따위는 얼른 극복하고 피아노를 계속 치게 하는 게 옳은 것이었는지 잘 모르겠다.

일하는 엄마의 딜레마

내가 희정이를 낳은 건 전문의 과정을 끝내고 시립정신병원에서 일할 때였다. 예정일도 안 되었는데 밤당직을 서고 집으로 돌아오는 길에 산통이 시작되었다. 남편은 그때 강원도 인제에서 군의관으로 복무할 때였다.

아이를 낳고 보니, 몸무게 2.6kg에 키가 47cm밖에 안 되는 작은 아이였다. 갓난아이를 돌봐 주시는 아주머니께 맡겨 놓고 나는 일을 계속했다. 그때 희정이 오빠 역시 만 두 살밖에 안 되었으니, 두 아이를 떼어놓고 사회생활에 집중한다는 게 쉽지 않았다. 일을 하면서 늘 아이들 걱정에 시달렸고, 또 집에 와서는 일 걱정에 시달렸다. 일하는 엄마가 가정과 일을 100% 깔끔하게 분리하기란 무척 어려운 일이었다.

다행히 남편이 무척 가정적이어서 많은 도움이 되었다. 우리는 함께 일하는 만큼 집에 오면 두 사람 모두 가사와 아이들 돌보는 일에 적극적으로 참여하기로 했다. 내가 청소와 빨래를 하는 동안 남편이 두 아이를 목욕시키고 놀아주곤 했다.

1991년 희정이가 만 세 살 무렵, 나는 다시 소아정신과 전임의 과정을 시작했다. 마침 남편 역시 대학병원에서 교수 생활을 하게 되어 우리는 아예 큰 방 하나를 공부방으로 만들어 큰 테이블을 펴놓고 머리를 맞대고 공부를 했다. 얼마 후부터는 아이들도 함께 이 방에 들어와 책을 보기 시작했다. 아들 녀석은 막 재미를 붙이기 시작한 위인전을 읽었고, 어린 희정이도 덩달아 동화책을 읽기 시작했다. 이렇게 저녁이면 네 가족이 모여 공부를 하는 것이 일상생활이 되었다.

미국생활을 마치고 돌아와 병원을 개원한 이후, 나는 일과 가정을 50대 50으로 정확히 나누기로 했다. 병원에 있는 동안에는 일에 충실하고, 퇴근 이후는 오직 가정에만 충실하기로 한 것이다. 식구들과 같이 있는 시간이 많지 않더라도 저녁시간만큼은 모든 걸 함께 했다. 함께 숙제를 하고, 공부를 봐주고, 캐나다인 영어선생님과의 수업에도 늘 같이 참여했다.

내가 이렇게 정적인 부분을 함께 했다면, 아빠는 동적인 부분을 책임져 주었다. 아이들과 술래잡기와 공놀이를 하고, 주말이면 농구경기며 체육캠프 등에 데려가 주었다. 특히 온 가족이 SBS 스타즈 프로농구단의 열렬한 팬이라서 홈경기가 열릴 때면 함께 보러 가곤 했다.

하지만 아무리 저녁시간을 함께 보낸다 해도 엄마의 공백은 있을 수밖에 없었다. 나는 대부분의 학교 행사에 얼굴을 내밀지 못했다. 또 어머니들만의 커뮤니티에도 참여하지 못했기 때문에 이로 인해 희정이가 소외를 당하는 일도 많았다. 한번은 희정이와 친한 두 친구가 똑같은 멜빵바지를 입고 나타났다. 알고 보니 전날 두 아이의 엄마들끼리 만나서 함께 쇼핑을 하면서 똑같은 옷을 사준 것이었다. 아이는 셋이 친한데 엄마는 둘만 친하다 보니 엄마들과 함께 어울리는 일에서 희정이는 늘 제외될 수밖에 없었다.

초등학교 3학년 때 희정이가 선거에 나가 부반장이 되었다. 처음 부반장이 되어 기분이 좋았던지 희정이는 병원으로 전화를 걸어 자랑을 했다.

"엄마, 나 부반장 됐어!"

하지만 아이에게 축하를 하기도 전에 바보같이 내 생각만 하고 말았다.

"부반장? 그런 걸 하면 어떡해? 엄만 아무것도 못해 줄 텐데."

잔뜩 들떠 있던 아이에게 이런 말을 해버렸으니, 그때 희정이가 얼마나 섭섭했을지를 생각하면 지금도 할 말이 없다.

그 이후로 희정이는 학급임원 맡는 걸 피하는 것 같았다. 중학교에 올라가서도 전교회장을 맡을 기회가 있었지만 하지 않았다. 내심 나에 대한 섭섭함, 불만이 얼마나 많았을까?

그러나 희정이는 일하는 엄마에 대한 배려가 많은 아이였다. 어려서부터 힘들게 공부하는 엄마를 봐왔기 때문인지, 초등학교 때부터 내 옆에 와서 논문 타이핑을 도와주기도 하고, 환자들의 고객카드를 정리해 주기도 했다. 언제부터인가 이런 희정이가 보살펴야 할 딸이기보다는 친구처럼 여겨졌다. 저녁이면 하루 있었던 일들을 서로 조잘조잘 이야기하고, 남편에게는 털어놓을 수 없는 고민도 희정이에게 하게 되었다.

"전생에 우리는 무슨 사이였을까?"

서로 마음이 너무 잘 통해서 그런 말까지 주고받았다.

어느 날 희정이가 내게 눈물이 날 만큼 고마운 이야기를 해주었다.

"엄마, 엄마가 일을 해서 어렸을 때는 속상할 때도 많았지만, 그래도 나는 엄마가 자기 일을 갖고 있다는 게 좋아. 일하고 공부하면서 오빠랑 나 이만큼 키워주고 공부도 늘 함께 해주고, 엄마는 슈퍼우먼이야!"

그건 모든 일하는 엄마들이 아이에게 듣고 싶어하는 최고의 찬사였다!

가족 그림 속의 곰 세 마리

희정이가 만 여섯 살 반이었을 무렵, 우리 네 가족은 미국 텍사스 주 갤베스톤이란 작은 섬으로 이사를 갔다. 희정이 아버지의 의학 공부 때문에 연수를 떠난 것이었다.

당시 희정이 오빠는 "How are you?" 정도의 영어를 하는 실력이었고, 희정이는 유치원에서 겨우 'apple'이나 'mom', 'dad' 정도를 배운 상태였다.

워낙 경황없이 떠난 것이라서 아이들의 교육 문제를 어떻게 해야 할지 난감하기만 했다. 말 한 마디 못하는 아이를 무턱대고 학교에 입학시키고 나니, 온갖 걱정이 밀려왔다. 하지만 그저 잘 해주기만을 바랄 뿐 선택의 여지가 없었다.

첫날 미술시간이었다. 선생님이 도화지 한 장씩을 나눠주고 가족을 주제로 그림을 그리라고 했다. 하지만 희정이는 그 말을 알아들을 수가 없었다. 다른 아이들은 쓱쓱 스케치를 시작했고, 희정이도 뭔가를 그려야만 했다. 눈치를 보던 희정이는 크레파스를 쥐고 그림을 그리기 시작했다. 그것은 세 마리의 귀여운 곰이었다.

선생님이 다가와서 나무 막대기로 그림을 가리키며 뭐라고 말씀을 하셨다. 아마도 "가족 그림을 그리라고 했는데 왜 곰을 그렸니?"라고 물으셨을 것이다. 하지만 희정이는 그게 그림을 잘 그렸다고 칭찬하는 소리인 줄 알고 방긋방긋 웃기만 했단다.

말을 알아듣지 못하니, 희정이는 엉뚱한 짓만 골라서 하는 문제아로 찍히고 말았다. 아이들과 친해지고 싶은 마음에 늘 분위기를 맞추다 보니, 선생님의 조용히 하라는 말을 못 알아듣고 가장 늦게까지 떠들다가 혼이 나곤 했다.

학교에 찾아가면 선생님들이 희정이에 대해 한보따리 하소연을 늘어놓았다.

"희정이는 너무 산만해요. 장난기가 너무 심해서 통제가 안 돼요."

한국에서 유치원에 다닐 때는 전혀 들어본 적이 없는 말이었다.

나는 하루 빨리 언어 문제를 해결해야겠다는 생각이 들었다. 학교의 ESL 프로그램만 믿고 있을 수는 없었다. 서점으로 달려가 디즈니의 동화책을 몇 권 사와서 아이들과 함께 읽기 시작했다. 그렇다고 내가 영어를 잘하는 건 아니었다. 아무리 두꺼운 원서를 읽으며 의

학공부를 했다 해도 생활회화는 나에게도 낯선 분야였다. 그런 면에서 디즈니의 동화책은 탁월한 선택이었다. 단어도 쉽고 내용도 재미있어서 아이들과 함께 읽다 보면 나도 빠져들었다.

학교의 ESL 프로그램 역시 문법이나 어휘 중심이 아니라 책 읽기와 놀이 중심으로 이루어지고 있어서 아이들이 무척 좋아했다. 한 학기가 지날 때쯤 되자, 두 아이 모두 생활에 불편이 없을 정도로 영어 실력이 좋아졌다. ESL 시험시간에도 희정이는 다른 아이들보다 10~20분 먼저 시험을 끝내놓고 여유 있게 기다리게 되었다.

그 무렵 학교에 가면 선생님들이 희정이를 입에 침이 마르도록 칭찬했다.

"희정이는 이해력이 굉장히 빠른 아이에요."

"상상력이 풍부해요."

"선생님 말을 잘 듣는 얌전한 아이에요."

불과 6개월 전만 해도 말썽쟁이 취급을 받던 아이가 이제 칭찬 세레나데를 받고 있었다.

우리는 그렇게 그곳에서 1년 6개월을 보낸 후 한국으로 돌아왔다. 그 사이에 희정이와 함께 읽은 동화책은 족히 100권이 넘을 것이다.

내 아이에게는 영어공부의 짐을 지우지 않으리라

미국으로 떠날 때 내가 챙겨 간 것은 한국어 동화책 30여 권과 초등학교 국어와 수학 교과서가 전부였다. 많은 엄마들이 과목별로 참고서와 문제집을 챙겨 가야 돌아와서 혼란이 없다고 조언했지만, 나는 아직 어린 아이들에게 공부 부담을 주고 싶지 않았다. 미국에서는 미국에서의 삶이 있었다. 일단은 그것에 집중하도록 도와주고, 한국에서의 삶은 돌아와서 고민하자는 것이 내 생각이었다.

우리가 살았던 곳이 섬이었던 만큼, 희정이는 바닷가에서 까맣게 그을려 가며 오빠와 뛰어놀았다. 돌고래가 바다 위로 첨벙 뛰어오르는 모습에 환호성을 지르기도 하고, 때로는 아빠와 함께 낚싯대를 메고 바닷가로 나가 멕시코만을 넋을 놓고 바라보기도 했다.

그때는 내가 일하지 않고 아이들을 돌보는 데 집중할 수 있는 유일한 시기였다. 나에겐 한정적으로 주어진 소중한 시간이었기에 대부분의 시간을 아이들과 함께 웃고 즐기는 데 쏟아 부었다.

우리는 뭐든 즐겁게, 열심히 했다. 아이들이 학교를 파하고 집에 오면, 우리 셋은 밥을 차려 먹고 한바탕 뛰어논 후 함께 수학문제를 풀며 아빠를 기다렸다. 희정이에게 수학은 재미있는 숫자놀이였고, 영어는 흥미진진한 동화책이었다. 우리는 똑같은 책을 읽고 또 읽으면서도 그때마다 재미있는 부분에서는 자지러지게 웃었다. 특히 희정이가 좋아한 건 『허클베리핀』이었다. 우리는 이 책을 여러 번 읽었다. 영어로 다 읽은 후에는 한국어판을 구해서 읽고 또 읽었다. 희정이는 어려서부터 뭐든 재미있는 걸 반복해서 읽고 보는 습관을 들였다. 여러 개를 많이 읽는 것보다 이것이 훨씬 효과적이었다.

그렇게 재미있게 1년 6개월을 보내고 한국으로 돌아왔는데, 정작 이곳에서는 영어를 재밌게 습득할 기회가 많지 않았다. 주변에서는 그대로 놔두면 배워온 영어를 다 까먹는다며 잔뜩 겁을 주었지만, 막상 학원을 보내려 하면 괜히 따분한 곳에 아이를 보내 영어 자체를 싫어하게 되는 건 아닐지 걱정이 되었다.

어느 날, 나는 근무 중에 잠시 짬을 내서 동네 한 바퀴를 산책하며 근처 영어학원을 다 훑어보았다. 저마다 최고의 프로그램을 내세우고 있었지만, 우리 아이에게 맞는 학원을 고르기란 쉽지 않았다.

'그래, 적어도 내 아이에게만은 영어공부의 짐을 지우지 말자!'

그날 나는 학원에 대한 미련을 후련하게 떨쳐 버렸다.

희정이에게 영어는 공부하고 시험 치는 과목이 아니라 살아 있는 언어였다. 좋아하는 책을 마음껏 읽고 외국인 친구와 만났을 때 하고 싶은 말을 웃고 떠들며 나눌 수 있는 영어, 나는 희정이의 그 살아 있는 영어를 그대로 보존하고 싶었기에 학원에는 보내지 않기로 했다.

끊임없는 독서로 영어 실력을 쌓다

학원은 깨끗이 포기했지만, 그래도 아이들에게 영어를 사용할 기회가 적다는 게 늘 마음에 걸렸다. 그러던 어느 날 길을 걷다가 우연히 외국인 한 명을 보았다. 어디서 그런 용기가 났을까? 나는 뛰다시

피 그에게 다가가 말을 걸었다.

"실례지만, 제 아이들에게 영어를 가르쳐줄 수 있을까요?"

길거리에서 낯선 여자의 제안이 불쾌했을 수도 있었을 텐데 그녀는 흔쾌히 응해주었다. 그렇게 시작된 캐나다인 영어선생님과의 인연은 그녀가 본국으로 돌아갈 때까지 2년 동안 지속되었다.

나는 이번에도 딱딱하게 가르치지 말고 함께 즐겁게 놀아달라는 부탁을 드렸다. 우리는 게임을 하거나 노래를 부르거나, 짧은 동화를 배역을 나눠서 함께 읽기도 했다.

그 무렵 희정이는 디즈니나 안데르센 동화에서 벗어나 좀더 어려운 책을 읽기 시작했다. 셸 실버스타인의 『아낌없이 주는 나무』나 미국판 『나의 라임 오렌지 나무』, 그리고 영국 작가 로얼드 달의 '찰리 시리즈'를 읽게 되었다. 한 달에 한 번씩은 서점 원서 코너에 들러 책을 함께 샀다.

이렇게 하다 보니 점점 책의 수준이 높아져 초등학교 5,6학년 무렵에는 스스로 『비밀의 정원』이나 『소공녀』 등의 고전을 붙잡을 정도가 되었다. '해리포터 시리즈'를 읽기 시작한 것도 6학년 때부터였다. 그때부터는 내가 해야 할 일이 별로 없었다. 희정이 스스로 책을 골라 읽을 수 있게 되었다.

희정이는 수학경시학원 이외에는 학원을 다니지 않았기 때문에 엄마 없는 집에서 혼자 있어야 할 시간이 많았다. 나는 그 시간을 무료하지 않게 보낼 수 있도록 어린이 영화 비디오를 계속 빌려다 주었다. 일단 재미있는 영화를 발견하면 희정이는 테이프가 늘어지도록 보고 또 보았다. 나중에는 영화를 보지 않고도 모든 대사를 외울 정도가 되었다.

영화를 보는 일에는 나도 항상 동참을 했다. 소아정신과 의사인 내게 어린이 영화는 훌륭한 교과서이기도 했다. 함께 영화를 보고, 그 감상을 서로 짤막하게 토론하면서 아이들의 생각을 듣고, 또 내일에도 적용할 수 있었다.

이렇듯 희정이는 문법 한 번 제대로 배우지 않고 책과 비디오로 영어공부를 대신했다. 이 방법이 과연 옳은 것인지, 중학교에 올라가 본격적으로 문법 위주의 시험을 치르게 되면 과연 점수가 어떻게 나올지 조금은 걱정이 되었지만, 나는 희정이를 믿었다.

중학교 1학년 때, 희정이는 안양·과천시 영어경시대회에 출전하여 금상을 차지했다. 희정이는 관계대명사가 무엇인지, 부사구며 절이 무엇인지 아직도 잘 모른다. 이런 문법적 공식은 여전히 낯설지만, 그래도 희정이에겐 언어를 사용함에 있어서 가장 중요한 '감'이라는 게 있다. 우리가 한국어의 문법을 잘 몰라도 말하고 듣는 데 아무런 무리가 없는 것처럼, 영어 역시 '감'을 길러주기만 하면 나머지는 저절로 이루어진다. 영어에 귀를 많이 노출시키고, 말할 기회를 만들어주고, 많이 읽히고 보게 하는 것. 그것 이상의 영어공부는 없다는 생각이 든다.

미국에서의 1년 반은 그런 면에서 행운이었다. 나에게 있어서는 공부에서 벗어나 아이들과 홀가분하게 보낼 수 있는 시간이었다. 또한 아이들에게는 늘 따뜻한 엄마의 품에서 지낼 수 있는 시간이자, 본격적인 성장기로 접어들기 직전 비교적 순수한 상태일 때 영어를 익힐 수 있는 기회였다.

하지만 단지 그 1년 반에 모든 영어를 기대었다면 희정이의 영어가 지금처럼 성장하지는 못했을 것이다. 우리는 한국으로 돌아온 후에도 계속 책을 읽고, 영화를 보고, 원어민과 프리토킹을 하며 실력을 업데이트 해 나갔다. 괜히 학원에 보내 암기식 영어에 휘둘리지 않게 한 것도 옳은 판단이었다는 생각이 든다.

체육은 가장 중요한 과외

미국에 살던 시절, 말 한 마디 못하는 아이를 학교에 보낼 때, 그나마 매일 한 시간씩 체육수업이 있다는 게 얼마나 위안이 되었는지 모른다.

미국의 초등학교 커리큘럼에는 매일 한 시간의 체육수업이 기본적으로 들어 있었다. 체육은 영어를 몰라도 상관없는 유일한 시간이었다. 희정이는 피구를 하며, 혹은 매트 위에서 아이들과 함께 구르며 낯선 미국생활에 적응할 수 있었다. 그 외에도 주말에는 온 가족이 테니스를 치거나 수영장에 가서 물장구를 치기도 했다.

다시 한국으로 돌아온 후에도 체육은 아이들이 공백기를 메우는

데 큰 역할을 했다. 전학수속을 마친 후, 아이들이 동네 친구들도 없이 외톨이로 지내게 될까봐 걱정이 되었다. 그러나 아이들은 우리의 예상을 뛰어넘는 일을 많이 한다. 큰아이가 아파트 단지 내의 놀이터에서 동네 아이들과 축구를 하는 모습을 보게 된 건 얼마 지나지 않아서였다. 그리고 수줍은 희정이 역시 오빠를 따라다니며 공놀이를 하기 시작했다. 우리 아이들은 곧 여느 한국의 아이들처럼 친구들을 사귀고 그들 속에 섞이게 되었다. 이렇게 아이들이 친해지는 데는 운동만한 것도 없다.

어렸을 때부터 뛰어놀기를 많이 한 덕분인지, 희정이는 몸집에 비해 민첩하고 운동도 좋아했다. 방과 후면 오빠와 함께 농구, 탁구, 테니스, 배드민턴, 수영 등 모든 운동을 돌아가며 조금씩 배웠다. 자라면서 점점 공부에 의욕을 보였지만, 그 와중에도 하루 한두 시간의 운동만큼은 빼먹지 않았다.

"엄마, 나 커서 꼭 농구선수가 될래!"

어느 날부터인가 희정이는 농구선수의 꿈을 키우기 시작했다. 처음에는 그냥 하는 말인 줄 알았는데, 아이를 보니 그렇지가 않았다. 한 시간이 넘도록 혼자서 슈팅 연습을 하는가 하면, 드리블 실력을 길러야 한다며 해가 질 때까지 학교 운동장을 떠날 생각을 하지 않았다.

말라깽이에 몸집도 작은 아이가 어떻게 농구선수가 될 생각을 했을까? 하지만 농구에 대한 희정이의 진지한 눈빛을 보면 그런 회의적인 생각이 쏙 들어갔다.

'정말 농구선수가 될 모양이야. 최대한 도와주어야겠어.'

언제부터인가 정말로 희정이가 농구선수가 될 거라는 걸 믿게 되었다. 그래서 방학 때 농구캠프에도 참가시키고, 안양시 청소년 수련관의 농구교실에 데려가기도 했다. 그곳에는 버스가 없어서 일일이 데려다 주고 데려와야 했는데 직업이 있는 나로서는 여간 곤란한일이 아닐 수 없었다. 희정이를 뒷좌석에 태우고 다니며 남모르게 많이 툴툴댔었지만, 그것은 내 아이의 꿈을 위해 부모로서 해야 할 최소한의 의무였다.

희정이는 결국 농구선수는 되지 못했지만 민사고 학생이 되었고 농구부 주장이 됐다. 물론 희정이가 뛰어난 농구선수는 아니지만 자신이 좋아하는 운동을 고등학교에 와서까지 하게 되고 도대회에 참가해서 우승을 하는 등 운동을 통해 더 많은 경험을 하는 것 같아 흐뭇하다.

나는 활발한 체육활동이야말로 아이들을 밝고 씩씩하게 키워낸다고 믿는다. 아이들은 또래 친구들과 어울려 뛰어놀면서 사회성을 쌓고, 더불어 튼튼한 체력을 기른다. 많은 부모들이 자녀가 어릴 때부터 영어조기교육이며 수학과외를 시키는데, 유치원과 초등학교 저학년 때까지는 아이가 체육활동을 다양하게 경험해 볼 수 있도록 밖으로 내보냈으면 한다. 그편이 컴퓨터 앞에서 게임에 빠져 사는 아이보다 정신적으로 훨씬 건강할 것이다.

어릴 때부터 습관이 된 희정이의 적극적인 체육활동은 민사고 생활을 이겨 나가는 데에도 힘이 되었다. 민사고는 공부를 바라보는 것과 같은 기준으로 체육을 바라보는 보기 드문 고등학교다. 매일 새벽 전통무예를 하는 것은 건강한 체력과 더불어 정신수양, 그리고 우리의 전통을 그대로 이어간다는 여러 의미가 담겨 있다. 또 운동은 특별활동이 아니라 날마다 하는 생활습관이라는 것도 가르쳐주고 있다.

입학 초기에 희정이가 아침운동 때문에 무척 힘들어했지만, 언젠가는 희정이 스스로 그 시간을 즐기게 될 날이 오리라는 것을 알았다. 그리고 머지않아 정말 그렇게 되었다. 최근에는 체육부장까지 맡았다고 한다. 날로 적극적으로 변해가는 아이를 보면서, 나 역시 운동에 대해 많은 생각을 하게 된다. 이제는 운동에 소홀한 엄마로서 은근히 미안한 마음까지 든다.

학원에 꼭 보내야 한다면

희정이가 저학년일 때에는 피아노와 미술, 그리고 운동 등 순전히 예체능 위주로만 학원을 보내서 가르쳤다. 하지만 초등학교 4학년이 되자, 아무래도 학원에 보내 학과공부를 시켜야 할 것 같았다. 초등학교 4학년부터는 교과 수준이 갑자기 어려워지기 때문이다.

근본적으로 학원에 보내는 걸 좋아하지 않았지만 그래도 현실을 무시할 수는 없었다. 학원에서는 대체적으로 학교보다 1~2학기 이상 선행학습을 시키고 있었다. 또한 희정이 스스로도 더 어려운 수업, 어려운 문제를 푸는 일을 좋아했다.

많은 어머니들이 학원의 대안으로 학습지를 선택하지만 학습지는 처음부터 선택의 대상에서 제외시켰다. 아이들의 풍부한 상상력을 학습지 속에 가둬두는 건 바람직하지 않다는 결론을 내렸기 때문이다.

다행히 희정이가 먼저 학원 이야기를 꺼냈다. 그 무렵 오빠가 중학교에 진학해 학원에 다니고 있었는데, 그 모습이 은근히 부러웠던지 같은 학원의 수학경시반에 보내달라고 졸라대기 시작했다.

학원을 다니고 싶어하는 희정이의 마음이 얼마나 진지한지 알고 싶었다.

"희정아, 학원에 다니면 놀 시간도 줄어들고 몸도 힘들 텐데?"

"엄마, 나 말고 다른 아이들은 다 학원에 가서 같이 놀 친구도 없어."

이렇게 희정이는 본인 의지로 수학학원에 들어갔다. 그리고 어느새 농구선수가 되겠다는 꿈이 수학자가 되겠다는 꿈으로 바뀌게 되었다.

내가 일을 가지고 있었기 때문에 아이들이 다니는 학원은 반드시 동네 생활 반경 속에서 선택해야 했다. 그래야 무슨 일이 생기더라도 언제든지 달려갈 수 있기 때문이다.

많은 어머니들이 보다 나은 좋은 학원을 찾아 해가 바뀔 때마다 학원을 바꾸고 서울 강남까지 원정을 다니곤 하지만, 만약 내가 그렇게 했다가는 일과 가정을 제대로 유지할 자신이 없었다. 나는 할 수 있는 한도 내에서 최선을 다하기로 했다. 다행히 안양은 학원 교육이 비교적 발달한 곳이었다. 학원은 분명 학교와 다르긴 하지만, 그래도 학교와 마찬가지로 선생님과 학생의 관계 속에서 진정한 교육이 이루어진다고 믿고 있었다. 그래서 일단 한 학원에 보내면 의심하지 않고 계속 보냈다. 4학년 때 들어간 수학학원은 민사고에 합격할 때까지 총 6년을 보냈다.

물론 유혹이 전혀 없었던 것은 아니다. 6학년 무렵에는 교수법이 더 뛰어난 곳으로 수학경시학원을 바꾸는 것이 어떨까 고민했었다. 만약 내가 적극적으로 바꾸자고 나섰다면 희정이도 따라주었을 것이다. 하지만 나는 희정이가 몇 년 동안 쭉 같은 학원을 다니면서 사귀었던 친구들, 희정이를 아껴주는 학원 선생님들을 잃기 싫었다. 그래서 더 좋은 학원의 유혹을 꿋꿋이 물리쳤다.

중학교 1학년 때에는 강남 대치동에 기가 막힌 경시학원이 있다는 소리를 들었다. 과연 수상경력에 있어서 비교가 안 될 정도로 대단한 곳이었다. 마음 같아서는 당장 옮겨주고 싶었지만, 그건 현실적으로 너무 힘든 일이었다.

나는 희정이에게 솔직하게 말했다.

"거긴 너무 멀다. 엄마가 데려다 줄 능력도 없고, 또 너 혼자 버스 타고 다니게 하고 싶지도 않아. 그냥 배우던 데에서 열심히 계속 하자."

희정이는 조금 실망한 표정을 지었지만, 이내 고개를 끄덕였다. 바쁜 엄마를 위해서 포기할 건 포기해야 한다는 걸 희정이는 잘 알고 있었다.

그때는 너무나 미안했지만, 결과적으로 옳은 결정이었다고 생각한다. 공부는 안정된 생활 속에서 이루어져야 한다. 대치동으로 학원을 옮겼다면, 수학 실력이야 더 늘었을지 모르지만, 생활은 엉망이 되었을 것이다. 아이를 학원으로 안전하게 데려다 주고 또 데려오기 위해 나와 남편이 번갈아 가며 교통전쟁을 치렀을 것이고, 그만큼 직장에서도, 가정생활에서도 감수해야 할 대가가 많았을 것이다.

좋은 학원에 보내 1, 2점 점수를 올리는 것보다는 아이에게 편안한 환경을 만들어주어 정서적으로 안정될 수 있도록 돕는 것이 먼저라고 생각한다. 좋은 학원, 비싼 과외보다 따뜻하고 화목한 가정, 안정된 생활이 우선인 것이다.

내 아이를 어떤 학교에 보낼까

큰아이는 안양 지역이 비평준화였던 시절 시험을 쳐서 이 지역에서 명문고로 꼽히는 과천고에 입학했다. 주변에서는 아들이 명문고에 입학했다며 축하의 인사를 보내주었지만, 사실 나에게는 그게 무슨 차이가 있는 것인지 별 느낌이 없었다.

어느 날 아들이 이런 말을 했다.

"엄마, 공부와 꿈을 이루는 과정에서 고등학교 선택이 무척 중요한 것 같아. 다들 열심히 생활하고 꿈을 크게 가지니까, 나도 열심히 하게 돼."

모든 아이들이 성실하고 매사에 열심이며, 선생님 말씀을 잘 듣는다는 것이었다. 학생들이 스스로 잘 하기 때문에 선생님이 학생을 야단치거나 때리는 일도 적다고 했다.

'고등학교를 보내려면 그런 것도 중요하구나!'

그것은 작은 깨달음이었다. 좋은 환경을 주어야 좋은 사람이 된다는 평범한 진리를 아들의 말을 통해 깨달을 수 있었다.

그 즈음 나에게는 또 다른 깨달음이 있었다. 당시 나는 목 디스크를 크게 앓다가 회복기에 있던 때였다. 병을 앓는 동안 많은 생각을 했다. 그때까지 내 아이들의 미래를 내가 다 챙겨줄 수 있을 것이라 생각했는데, 몸이 아프면 그것도 할 수 없는 일이었다. 아무리 사랑하는 아이들이라 해도, 내가 언제까지나 품에 끼고 지켜줄 수 없다는 생각이 들었다.

'그래, 이제는 아이들을 보호하기보다는 스스로 독립할 수 있도록 도와주어야겠다!'

희정이에게 가장 필요한 것이 무엇일까 생각해 보았다. 희정이는 스스로 독립해서 어디에서나 적응할 수 있고, 자신의 미래를 개척해 나가는 능력이 필요했다. 그렇다면 앞으로 다가올 고등학교 3년의 시기에 그런 것을 배워야 한다는 생각이 들었다. 나는 평범한 학교에 안주하지 말고 정말 좋은 학교를 골라주고 싶었다. 마침 큰아이가 고등학교에 진학한 해를 마지막으로 안양 지역도 평준화가 되었다. 그렇다면 희정이는 특목고 쪽을 생각해야 하는데, 남편과 나는 경기과고와 민사고, 대원외고 등을 두고 어디에 보내면 제일 좋을지 의논을 했다.

우리는 희정이에게는 아무 말도 하지 않고 학교 투어에 나섰다. 내 아이를 3년씩이나 맡길 학교인데 그냥 이름만으로 고를 수는 없었다.

남편과 둘이 설악산 여행을 한 후 집으로 돌아오는 길에 민사고에 들렀다. 다른 두 학교와 다른 것은 민사고에서는 학생이 직접 예쁜 한복을 입고 나와 방문객들을 데리고 다니며 학교 안내를 해주는 것이었다. 시설면에서도 민사고는 타의 추종을 불허했다. 일단 민사고의 기숙사와 학생식당 시설을 둘러보고 나자 다른 학교들의 이름은 머릿속에서 싹 지워지고 말았다. 안내해 주는 학생이 체육교육과 동아리활동, 아이비리그 진학생들에 대해 이야기하는 모습에서 학교에 대한 자부심을 느낄 수 있었다.

단 한 가지, 민사고는 우리가 생각했던 것보다 훨씬 먼 외딴 곳에 있었다. 남편도 그 점을 가장 걱정했다. 이런 산골짜기에 갇혀 살면 희정이가 힘들어하지 않을까 하는 생각이 들었다. 하지만 애초에 희정이를 좋은 학교에 보내고 싶어했던 이유는 좋은 환경과 어디에든 적응할 수 있는 독립성을 길러주고 싶어서가 아니었던가. 그런 이유에서라면 민사고는 단연 최고의 선택이었다. 어쩌면 희정이가 힘들어할까봐 걱정되는 것이 아니라, 내가 힘들까봐 걱정하는 것인지도 몰랐다. 아직 아이처럼 느껴지는 내 딸을 그런 먼 곳에 보내놓고 과연 잘 견딜 수 있을지. 그러나 그건 내 욕심이었다. 만약 갈 수만 있다면 보내는 것이 옳았다. 눈앞에 내 딸을 위한 최고의 길이 있는데, 엄마가 그 길을 모른 척할 수는 없었다. 나는 길을 제시할 뿐 선택은 희정이에게 달려 있었다.

SAT가 뭔지도 몰랐던 엄마

민사고 투어를 마치고, 우리는 집으로 돌아와서 희정이에게 민사고에 도전해 보면 어떻겠냐고 물었다.

"글쎄. 가면 좋겠지만, 거긴 천재들만 가는 곳인데 내가 갈 수 있을까?"

그때 신문에서는 한창 민사고가 하버드, 예일, 코넬 등에 많은 학생을 보냈다며 대서특필하고 있었다.

"하긴, 거긴 SAT공부도 시킨다니까 미국 대학에 갈 수 있으면 좋지."

희정이 말에 이번에는 내가 물었다.

"SAT가 뭐니?"

"미국 대학에 가려면 꼭 봐야 하는 수능시험 같은 거야."

그날 나는 SAT가 뭔지 처음 알았다. 아이를 민사고에 보내려는 엄마들 중에는 미국 명문대를 겨냥하기도 하는데, 나에게는 그런 개념이 전혀 없었다.

나는 희정이를 독립시키기 위한 프로젝트로써 민사고를 계속 권유했다. 민사고에 가기 위해서는 민족반은 230점, 국제반은 260점 이상의 토플점수와 뛰어난 수학 실력이 필요했다. 수학은 초등학교 4학년 때부터 줄곧 경시반을 다니며 준비해 와서 큰 무리가 없었지만, 토플은 그때부터가 시작이었다.

우선 아무 준비 없이 토플시험부터 치러보기로 했다. 희정이도 몇 점이 나올지 궁금하다며 편안하게 보았다. 첫 토플성적은 200점도 채 안 되었다. 희정이는 실망을 하긴 했지만, 오히려 이 일로 토플을 공부해야겠다고 마음을 먹었는지, 직접 서점에 가서 두세 권의 토플 교재를 사왔다. 하지만 토플 자체에 관심이 생긴 것이지 꼭 민사고에 가겠다는 마음은 아직도 없는 듯했다. 희정이는 갈 수 있으면 가겠지만, 아니라면 무리해서 애쓰고 싶지는 않아했다.

2학년 여름방학 때 우리는 희정이를 민사고 체험캠프에 보냈다. 많은 아이들이 이 체험캠프를 통해 민사고에 대한 꿈을 키운다는 소리를 들었기 때문이었다. 우리의 바람과는 달리 민사고 체험캠프를 다녀온 후 희정이는 눈에 띄게 시무룩해졌다. 캠프도 힘들었지만, 거기 온 중학교 1, 2학년 학생들이 모두 토플점수가 240, 250점이 넘는다는 것이었다. 나는 곧 그렇게 될 수 있으니 계속 공부를 해보자고 다독였다. 260점이 넘지 않더라도 민족반 지원이 가능하니까 너무 상심하지 말라고 위로를 했다.

다행히 그 직후 본 토플시험에서는 230점이 나왔다. 학원에서는 아예 민사고 준비반으로 옮겨서 본격적으로 토플공부를 시작하라고 했지만, 희정이는 혼자 하겠다고 했다.

"내가 혼자 해볼게."

희정이는 몇 권의 토플교재와 인터넷 토플 모의시험 사이트 등을 들락거리며 혼자 공부를 했다. 몇 번 더 시험을 치면서 성적을 꾸준히 올렸다. 3학년 봄에 본 시험에서는 270점이 나왔다.

"고지가 보인다!"

우리는 환호성을 질렀다. 그때부터 희정이는 지금껏 반신반의하던 태도를 버리고 적극적으로 민사고 준비에 들어갔다. 3학년 6월 민사고 수학경시대회에서 은상을 탄 후로는 합격이 눈에 보이는지, 거의 잠도 자지 않고 공부에 몰두하는 듯했다.

이렇게 해서 그해 7월 31일, 합격자 명단에서 희정이의 이름을 볼 수 있었다. 병원에서 근무를 하고 있는데 희정이가 전화로 이 기쁜 소식을 알려주었다.

"축하한다!"

가슴 한 편에서는 정말 이 아이가 내 품을 떠나는구나, 이제 보내야 하는구나 하는 아련한 생각이 들었다.

때로는 강한 엄마가 되어야 한다

민사고 합격 직후 희정이와 나는 유럽으로 여행을 떠났다. 내가 아이를 데리고 여행을 가는 것인 줄 알았는데, 어느 날 보니 오히려 딸이 나를 데리고 다니고 있었다.

"엄마, 이쪽으로 가야 해."

"그쪽이 아니라 이쪽이야, 엄마."

엄마를 위해 무거운 짐까지 들어주는 부쩍 어른스러워진 아이를 보면서 멀리 떠나보내길 잘했구나, 정말 그렇게 해야 할 때가 되었구나 하는 생각을 했다.

11월 아주 추웠던 날, 예비교육기간이 시작되어 아이를 횡성까지 데려다 주었다. 갈 때는 셋이었는데 올 때는 남편과 나 둘뿐이었다. 차창 밖에서 희정이가 듬직한 미소를 지으며 손을 흔들었다.

"잘 해내겠지?"

내 질문에 남편은 "그럼, 희정이가 누구 딸인데? 잘 해낼 거야"라고 말했다.

그렇게 든든한 마음으로 아이를 두고 왔는데, 일주일이 지날 무렵부터 희정이가 하루에 한두 번씩 전화를 해서는 다짜고짜 우는 것이었다.

"엄마, 나 데리고 가. 나 여기서 못 살겠어."

"나 어떡해. 여기서 꼴등하고 말 거야!"

처음에는 그저 어리광이겠거니 생각했지만, 날이 갈수록 더 심해졌다. 조금만 더 버텨보라고 계속 위로를 해줄 수밖에 없었다.

"주말에 엄마가 갈게. 기분 안 좋다고 혼자 있지 말고 친구들이랑 같이 있어."

주말마다 횡성으로 내려갔다. 남편도 함께 가야 한다며 운전대를 잡았다. 어른이 다 된 줄 알고 독립을 시켰는데, 이런 홍역을 치를 줄은 꿈에도 몰랐었다.

소사휴게소에서 우동을 먹고 안양으로 떠나려고 하면 희정이가 굵은 눈물방울을 뚝뚝 떨어뜨렸다.

"엄마 아빠, 나도 데려가면 안 돼?"

"짐 싸올 테니까 나도 데려가."

우리는 매달리는 아이를 어렵사리 떼어놓고 서울 방향으로 차를 몰았다. 마음이 무너질 것만 같았다. 당장이라도 차를 돌려 아이를 데려오고 싶었다. 나는 남편 생각이 궁금해서 물었다.

"어쩌지? 저렇게 계속 힘들어하면 데려와야 하지 않을까?"

"그래야지. 하지만 먼저 혼자 극복할 수 있도록 시간을 주자."

만약 희정이가 조금 더 오랫동안 방황을 했다면 집으로 데려왔을 것이다. 그때는 바라보는 나와 남편도 너무나 조마조마했다. 희정이 가 그립고 안쓰러워서 우울할 지경이었다. 내 일이 없었다면 견디기 힘들었을 것이다. 나는 날마다 희정이와 통화하며 믿음으로 버텼다. 시간이 지나면 좋아질 것이라 위로하고, 포기하는 것보다는 극복하 는 것이 후회가 없을 것이라고 용기를 주었다.

이렇게 한 달여를 걱정으로 보내고, 4월쯤 되자 정말로 희정이가 달라지기 시작했다. 전화를 걸어도 울기보다는 학교에서 일어난 재미있는 이야기를 하느라 정신이 없고, 가끔은 내 전화를 받는 것을 귀찮아할 때도 있었다. 희정이가 드디어 어려움을 극복하고 민사고에 적응했다는 걸 알 수 있었다.

아마 이런 비슷한 일을 민사고에 아이를 보낸 많은 엄마들이 겪었으며, 지금도 겪고 있을 것이다. 고등학교 1학년이란 나이는 몸집만 클 뿐, 사실 어린아이에 가깝다. 처음으로 집을 떠나 낯선 곳에 살게 되면 이미 다 컸다고 생각했던 아이들도 예상하지 못했던 모습을 보여준다.

엉엉 울며 그만두겠다고 말하는 건 기본이다. 이때 엄마가 어떤 반응을 보여주느냐가 중요하다. 나는 당장 달려가 희정이를 집으로 데려오고 싶은 마음과 얼마나 싸웠는지 모른다. 전화로 희정이의 눈물을 다 받아주면서도 한편으로는 포기하면 자신에게 실망하고 후회로 남을 거라고 단호하게 충고해 주었다.

희정이는 그때 자신을 데리러 오지 않고 끝까지 이겨내도록 기다려줘서 고맙다고 말한다.

만약 내가 그때 강하게 버티지 않았다면, 희정이의 미래도 지금과는 달랐을 것이다. 엄마의 생각은 이렇게 아이의 미래를 좌우한다. 때문에 엄마는 지혜롭고 따뜻하고 그리고 때로는 강해야 한다.

아이의 독립을 지켜보며

민사고는 일반 고등학교와 달리 부모가 할 일이 별로 없는 학교다. 워낙 멀리 떨어져 있으니 선생님들을 만날 일도 많지 않고, 아이에게 무슨 일이 생겨도 부모에게 알리기보다는 선생님과 학생들 차원에서 정리가 된다. 부모는 매달 어드바이저 선생님이 보내는 '어드바이저 레터'와 가정통신문을 보면서 아이들의 학교생활을 짐작한다.

나는 희정이가 어느 환경에서든 적응할 수 있는 강하고 독립적인 사람이 되길 바라는 마음으로 민사고를 권했다. 그리고 그 선택은 옳았다. 지난 2년을 돌아보면 학교가 희정이를 얼마나 독립적인 인간으로 성장시켰는지 절로 고마운 마음이 든다.

이제 희정이는 무슨 일만 생기면 엄마에게 전화를 해서 펑펑 울며 이야기하는 어린아이가 아니다. 희정이는 나와 많은 이야기를 나누지만, 엄마가 알 필요가 없는 일, 알면 속상해할 일은 쏙 빼놓고 이야기한다. 나와 상의도 없이 하고 싶은 일을 직접 결정하고 통보하는 일도 있다. 해비타트라는 특별한 동아리에 가입한 것도, 갑자기 농구부에 들어간 것도, 그리고 검도대회 참가나 영자신문 기자활동을 하는 것도, 모두 본인이 결정하고 나에게는 결과만 이야기해 준다. 책을 쓰기로 한 것도 나에게는 갑작스러운 통보였고, 희정이다운 엉뚱한 발상이었다고 생각한다.

이제 희정이는 세상 밖으로 나가 엄마보다 학교와 친구를 더 찾게 되고, 전화를 걸어도 바쁘다고 끊어버리고, 내가 뭔가를 도와주려고 하면 혼자서 알아서 하겠다고 말한다. 내 품을 파고들던 귀엽고 예쁜 아이는 사라지고, 이제 어엿한 성인이 되어가는 새로운 딸이 있다.

'이제 정말 완전히 독립을 했구나. 이제 정말 이별이구나.'

졸업 후 미국 대학으로 진로를 잡아두었기에, 이제는 정말 내 품으로 다시 돌아올 일이 멀게만 느껴진다. 훌쩍 커버린 딸의 모습이 대견하면서도, 내가 해줄 일이 별로 없다는 게 섭섭하다.

한동안 희정이한테 별로 연락이 없기에 나도 뜸하게 연락을 했다. 그랬더니 당장 불만의 메시지가 날아왔다.

'엄마, 요즘 나한테 왜 문자도 안 해?'

자기는 멀리 훌쩍 떠났으면서, 그래도 부모만큼은 늘 그 자리에 있어주기를 바라는 게 자식인 모양이다.

그후 나는 희정이에게 답이 오든 말든 아침이면 꾸준히 안부 메시지를 보내고 있다. 일요일에는 별일이 없는 한 남편과 함께 학교로 찾아간다. 무슨 용건이 있어서가 아니라 보고 싶어서 찾아가는 것이다.

희정이는 재잘재잘 학교 이야기를 많이 들려준다. 너무 재미있어서 배꼽을 잡고 웃다 보면 일요일 한나절이 훌쩍 지나간다. 이제 엄마로서의 역할은 거의 끝나가지만, 아직도 남아 있는 친구로서의 역할은 포기하고 싶지 않다.

"희정아, 너에게 일어나는 일이라면 작은 일이라도 알고 싶어. 무슨 이야기든 엄마에게 들려주렴."

가끔 희정이는 학교 숙제로 쓴 에세이, 독후감 등을 이메일로 나에게 보내주곤 한다. 희정이의 생각을 함께 공유할 수 있다는 게 나에게는 가장 큰 기쁨이다.

민사고 2년의 변화

희정이에게 자주 하는 말 중 하나는 "오버 좀 해보렴"이다. 희정이는 장점이 참 많은 아이인데도 불구하고 인정받기까지 시간이 좀 걸린다. 눈에 띄지 않는 작은 체구에 성격까지 조용해서 좀처럼 자기표현을 하지 않기 때문이다. 희정이의 중학교 시절 친구들은 처음에 희정이가 공부를 잘하는지, 영어를 잘하는지, 수학경시대회에 나가서 상을 받았는지 잘 모르는 경우도 있었다.

"희정아, 너는 너무 표현이 없어. 너의 좋은 점을 좀더 보여주며 살았으면 좋겠어."

줄기차게 이런 이야기를 하지만 희정이는 관심이 없다. 오히려 자랑하지 않고 평범하게 살기 때문에 친구도 많이 사귀고 좋다는 것이다.

민사고에 보낸 이후로도 희정이가 너무 조용해서 자기를 나타내 보이지 못하는 건 아닌지 염려가 되었다. 민사고에는 자기 실력을 적극적으로 내세워서 기회를 차지하는 아이들이 가득하다. 희정이처럼 뒷자리에 조용히 숨어서 기회가 오기만을 기다리는 아이에겐 차례가 돌아오지 않을 수도 있다.

다행히 희정이는 조용한 가운데에서도 본인이 정확히 뭘 원하는지 파악해서 그걸 선택할 줄 알았다. 1학년 4월에 수학여행으로 아이비리그 투어를 다녀왔을 때에도, 그냥 설렁설렁 따라다닌 줄만 알았더니 어느새 필요한 자료를 확보해서 분석까지 하고 있었다. 해비타트 동아리에 가입한 것, 여자농구단에 참여한 것 등등도 모두 스스로 결정한 일이었다.

하지만 엄마로서 볼 때, 아직 아쉬움이 남았다. 희정이가 분명히 스포트라이트를 받을 수 있는데도 불구하고 그 기회를 갖지 못하는 경우도 있었다.

"조금만 더 적극적으로, 너의 장점을 알리는 게 어떨까?"

나의 이런 말에 희정이는 웃기만 했다.

그런 희정이가 어느 날 '한국 청소년 물리 토너먼트'에 나가겠다고 했다. 중학교 시절 수학경시대회 이후 대회에 나가는 건 처음이었다. 수학경시대회가 철저하게 실력을 겨루는 대회였다면, 물리 토너먼트는 그야말로 보여주는 대회였다. 여러 심사위원과 관객 앞에서 실험한 것에 대해 발표를 해야 하고, 상대 팀의 반박에 변론을 해야 하고, 또 멋지게 펀치를 먹일 줄도 알아야 한다. 실력뿐 아니라 보여주는 쇼맨십도 중요한 대회였다. 과연 희정이가 이 대회를 어떻게 해낼까?

대회를 준비하는 몇 주 동안 연신 밤을 새워가며 실험에 몰두하는 걸 알 수 있었다. 수원에 있는 성균관대학교에서 예선전이 시작되었지만, 나는 일에 매어서 마음으로 응원을 보낼 뿐 가볼 수가 없었다.

예선전이 끝난 날, 3등으로 겨우 결승전에 진출했다는 소식을 들었다.

"엄마 아빠도 결승전 보러 갈까?"

"오면 좋고, 안 와도 괜찮아."

예전 같으면 무조건 와달라고 했을 텐데, 민사고에 다닌 지 2년여 만에 희정이는 부쩍 어른스러워졌다.

마침 결승전이 토요일이어서 남편과 함께 보러 갔다. 응원도 응원이지만, 희정이가 이런 대회를 어떻게 풀어 나갈지 그게 궁금해서 가지 않을 수 없었다.

그날 나는 너무나 놀랐다. 마이크를 통해서 울려 퍼지는 희정이의 목소리는 예전의 그 작고 여린 자신감 없는 목소리가 아니었다. 또랑또랑 맑고 분명한 목소리가 경쾌하게 귀를 자극했다. 심사위원들도 희정이가 발표를 할 때면 귀를 쫑긋 세우는 것을 알 수 있었다.

대회 내내 희정이는 발표시간을 잘 안배해서 침착하게 행동했다. 마지막 반박을 할 때에는, 그 당차고 똑똑한 모습에 우리 부부뿐만 아니라 대회장에 있던 모든 관중이 박수를 보냈다.

불과 1년 반 전의 희정이와는 너무나 다른 모습! 민사고에서 보낸 1년 반이 희정이의 소심하고 내성적인 성격을 극복할 수 있게 해주었다는 걸 알 수 있었다.

남편과 나는 그날 대회를 보고 와서 며칠 동안 들떠서 그날의 이야기를 반복했다. 그날 본 우리 딸의 모습은 평생 자랑해도 모자랄 만큼 너무나 예뻤기 때문이다.

나의 민사고 예찬론

얼마 전 읽은 『내 영혼이 따뜻했던 날들』이라는 소설에 이런 내용이 나온다.

"교육이란 것은 두 개의 줄기를 가진 한 그루의 나무와 같다고 했다. 한 줄기는 기술적인 것으로, 자기 직업에서 앞으로 발전해 가는 법을 가르치는 것이다. 또 다른 한 줄기는 올바른 생각·가치를 가르치는 것이다. 즉 정직하고, 절약하고, 항상 최선을 다하고, 다른 사람들을 배려하는 것을 가치 있게 여기는 것으로, 이것이야말로 다른 어떤 것보다 중요하다."

삶의 경쟁이 세계 어느 나라보다 치열한 한국이라는 나라에서, 그것도 도시에 사는 우리들은 위에서 말한 정직, 절약, 배려, 타인에 대한 예의 등을 잃어가고 있다. 삶의 가치와 한국인이라는 자긍심 또한 잃어가고 있다.

민사고에서는 이러한 시대에 명문대를 목표로 공부하기에 앞서 한국인으로서, 세계인으로서 진정한 리더가 되기 위한 가치부터 가르치고 있다. 희정이가 2학년이 된 지금, 뒤를 돌아보아도 이런 가치가 설립자의 교육이념에만 들어 있는 것이 아니라 실제로 그렇게 가르치고 있다는 걸 느낄 수 있다.

우리의 아이들이 민사고에 다니지 않았다면 과연 이런 교육을 받을 수 있었을까? 나는 안양 지역의 민사고 학부모 모임에 참가하는데 그곳의 엄마들은 민사고 3년은 무엇과도 바꿀 수 없는 소중한 시간이라고 입을 모아 이야기한다. 국내외 명문대에 합격하지 못하더라도 아이의 성장만으로도 이미 충분히 만족한다는 것이다. 나 역시 민사고에 희정이를 입학시키기 전과 후가 다르다. 처음엔 그저 좋은 학교라고만 생각했지만, 지금은 민사고 예찬론자가 되어버렸다.

민사고는 고기를 잡아다 먹여주는 곳이 아니라 아이들에게 고기 잡는 법을 가르쳐주는 학교다. 스스로 공부하고, 연구하고, 새로운 분야에 도전하고, 더불어 공동체 생활의 예의, 리더십, 나라에 대한 책임감, 자원봉사 등을 통한 사회참여의식까지 하나도 빠짐없이 골고루 채워준다. 이 모든 것들이 고등학교 시절 단 3년으로 끝나는 것이 아니라 인생 전체에서 실천될 수 있도록 인성까지 다듬어준다.

지금껏 민사고의 여러 행사에 참가해 오면서 가장 기억에 남는 건 '민족 삼대 체육대회'이다. 이것은 아이들의 할아버지 할머니, 아버지 어머니 등 3대가 함께 모여 벌이는 체육대회다. 백발이 성성한 할아버지 할머니들이 아이들과 함께 뛰며 웃는 모습은 나에게 큰 감동을 주었다. 이런 행사를 통해 학교가 하고 싶은 말은 무엇이었을까? 우리 아이들에게 효와 충의 사상을 아무런 설명 없이 이렇게 쉽게 전달해 주는 학교가 또 있을까?

훌륭한 선생님이 아니라 훌륭한 친구들에게서 배우다

어느 학교를 가나 훌륭한 선생님들이 계시지만, 이 학교의 선생님들처럼 학교와 학생들을 사랑하는 선생님들은 드물 것이다. 영재학교인 만큼 일반 학생들을 가르칠 때보다 더 많은 공부와 노력이 필요할 것이다. 아이들을 사랑하는 마음과 세계의 리더들을 만들어내겠다는 일념으로 강원도 오지까지 오셔서 아이들을 가르치고 계신 선생님들……

희정이가 2학년이 된 학기 초에 행사가 있어서 학교를 방문하게 되었다. 행사 중간에 학부모들을 모아놓고 설명회 비슷한 것을 했는데, 우리 학부모들이 선생님들께 "수고가 많으십니다. 고맙습니다"라며 감사의 표현을 하자 한 선생님이 이렇게 말씀하셨다.

"오히려 저희가 학생들에게 많이 배웁니다. 민사고의 가장 자랑스러운 일은 훌륭한 선생님들이 아니라 훌륭한 학생들이지요."

학생들끼리 훌륭한 친구들에게 영향을 받아 서로 발전하고 공부하며 훌륭한 학교를 만든 것이란 말씀이었다. 어머니들은 고개를 끄덕거리시고 아버지들은 무릎을 딱 치셨다. 나 역시 선생님의 말씀을 되뇌며 감탄을 했다.

한문을 가르치시는 황형주 선생님은 학생부장 선생님이라 엄하고 무섭기로 유명하신 분이다. 하지만 황 선생님의 마음은 정반대였다.

"저는 혼을 내는 것이 일이기 때문에 아이들의 이름을 외우지 않습니다. 이름을 외우면 정이 들어서 아이들을 혼낼 수가 없기 때문입니다. 하지만 저는 민사고에 제 뼈를 묻을 것입니다."

민사고의 선생님들은 아이들 스스로 지식을 구하고 행동하도록 자유와 의지를 주신다. 학생들이 어떤 어설픈 행동을 하더라도 끝까지 지지하고 바라보는 분들도 선생님이다. 물론 아이들이 도움을 요청할 때에는 없는 시간까지 쪼개어서 도와주신다. 나도 처음엔 선생님들이 왜 안 도와주실까 하고 의문을 품었지만 지금은 알 것 같다. 그것이야말로 아이들이 수많은 시도와 시행착오를 겪으며 성인이 되어가는 걸 제대로 도와주는 방법이었다는 걸.

많은 시간이 지난 지금도 선생님이 하신 그때의 말씀이 떠오른다.

'훌륭한 친구들을 통해 서로 배우는 학교 민사고.'

마음껏 꿈꿔라, 꿈에 집중하라

1학년 봄에 민사고의 '직업의 세계 특강'에 초청된 적이 있었다. 이 행사는 아이들에게 다양한 분야의 전문가를 만나볼 기회를 제공하려는 것으로 학부모 중에 아이들이 관심 있어 하는 직업을 갖고 있는 분들을 초청하여 대화를 나누는 행사였다.

나는 소아정신과 전문의로서 강의를 맡았다. 그때 함께 온 분들

중에는 국제변호사를 비롯해 공인회계사, 분자생물학 교수, 마약담당 검사까지 다양한 분야의 학부모님들이 참여해 주셨다. 소설가 고원정 씨도 오셔서 인사를 나누었던 기억이 난다.

내 강의에 찾아온 아이는 15명 정도였다. 물론 그 아이들 중에 내 딸 희정이의 얼굴은 보이지 않았다. 아마 그 시간 희정이는 분자생물학 교수님의 강의를 듣고 있었을 것이다.

그날 나는 아이들에게 소아정신과 전문의가 된 내 삶의 과정을 간략하게 말해 주고 정신과 상담이라는 것이 무엇인지 영화의 예를 통해 설명해 주었다. 그리고 곧 진로를 선택해야 하는 기로에 놓인 아이들에게 조금이라도 도움이 되고자 진로라는 것이 어떻게 결정되는지, 스스로는 무엇을 원하고 있는지 질문과 함께 풀어 나갔다.

내가 불문학도를 꿈꾸던 소녀에서 소아정신과 의사가 된 것처럼, 진로라는 것은 한 순간의 결정에 의해 쉽게 정해지는 것이 아니라고 생각한다. 꿈은 변한다. 희정이 역시 한때는 농구선수를 꿈꿨고, 수학자가 되려 했으며 지금은 물리학자나 우주공학자, 로봇공학자를 꿈꾸기도 한다. 우리 아이들에게 필요한 건 정확한 진로 결정이 아니라 꿈을 꾸는 것이다. 많은 꿈을 꾸고 그 꿈에 집중하다 보면, 어느새 자신이 원하는 일을 하게 될 것이다.

많은 사람들이 왜 희정이에게 의대 공부를 시키지 않느냐고 묻는다. 부모가 의사인 경우 자녀들 중 적어도 한 명에게는 의대 공부를 시키는 일이 흔하기 때문이다. 하지만 희정이의 진로를 결정하는 데

있어서 우리 생각은 전혀 개입되지 않았다. 굳이 의사가 되어야 한다고 강요할 이유가 없었기에, 스스로 찾아내도록 내버려 두었다.

지금 나는 소아정신과 의사라는 내 직업을 너무나 사랑한다. 가끔은 희정이에게 "정말 재미있으니까 너도 한번 해봐"라며 농담도 한다. 하지만 의사가 되는 과정이 너무나 힘들었기에, 강요할 생각은 조금도 없다.

의대를 다니면서 부모의 강요에 의해 억지로 의대에 온 학생들을 더러 보았다. 하고 싶은 건 의사가 아니었지만 이미 긴 시간을 투자했기 때문에 순응하며 살아가는 모습을 보기도 한다.

내가 의대를 졸업하고 전공을 선택할 무렵, 정신과를 전공하겠다는 내 희망을 말씀드리자 아버지, 즉 희정이의 외할아버지는 크게 반대를 하셨다.

"정신과라니? 안 된다! 정신이 불안정한 사람들과 함께 있으면 너도 이상해진다."

"아버지, 그게 제가 하고 싶은 일이에요. 하고 싶은 일이니까 할 수 있도록 허락해 주세요."

나는 그렇게 아버지의 허락을 받아냈고, 하고 싶은 일을 지켰다. 만약 그때 산부인과나 소아과를 갔었다면 지금 이렇게 행복할까? 만약 내가 정신과를 고집하지 않았다면 지금처럼 소아정신과를 선택할 기회가 있었을까? 정신과 공부를 하던 중에 두 아이를 낳았고, 아이들을 낳은 덕분에 소아정신과에 관심을 갖게 되었다. 선택은 이렇게 마음 가는 대로, 상황이 저절로 가르쳐주는 것이라고 생각한다. 절대로 부모의 계획이나 의도에 의해 이루어질 수 없다.

나는 희정이가 원하는 거라면 뭐든 지지해 줄 것이다. 아직 졸업까지는 1년이 넘게 남아 있고, 또 대학에서 어떤 변화가 있을지 알수가 없다. 꿈은 언제든 변할 수 있다. 나는 그 변화까지 다 포함해서 희정이의 꿈을 지지한다.

아버지의 참여가 절실한 우리 교육

희정이가 미국과 한국을 오가는 초등학교 생활을 무사히 마치고, 중학교를 가고 민사고에 잘 다니고 있는 지금, 내가 가장 고마워할 사람 중 하나는 나의 남편, 희정이의 아빠다. 아빠들은 대개 아이들 교육에 소홀하다는데, 남편은 그런 적이 없었다. 아무리 작은 일이라도 함께 고민해 주었고, 내 생각을 충분히 들어주고 지지해 주었다. 그리고 늘 내게 가장 중요한 것을 물어주었다.

"희정이는 무엇을 원하지?"

"희정이가 그걸 하고 싶어해?"

남편의 그 질문은 자칫 내 생각에만 빠져서 정말 중요한 게 무엇인지 몰랐을 나에게 훌륭한 브레이크가 되었다.

남편은 아이들과 노는 걸 무척 좋아하는 사람이다. 놀고 있는 모습을 보면, 단지 아빠라는 의무감에서 놀아주는 것이 아니라 정말

놀이 자체를 즐거워하고 있는 걸 알 수 있었다. 그는 부모 역할의 즐거움을 아는 사람이다.

미국에 있을 때에도, 남편은 바쁜 유학생활 와중에도 반드시 시간을 내어 가족과 함께하는 여러 추억들을 만들었다. 1년 반의 짧은 기간 동안 남북횡단을 세 번이나 했다고 하면 모두들 깜짝 놀란다. 그것도 남편이 직접 승용차를 몰고 그 긴 거리를 여행했다. 여행시간 중에 우리가 느끼고 경험했던 많은 것들을 생각하면 언제나 남편에게 고맙다.

이런 남편이 옆에 있어준 덕분에, 나는 아이들 양육의 고민을 늘 함께 풀었고 그만큼 시행착오를 줄일 수 있었다. 자녀교육에 성공했다는 부모를 보면 절대로 엄마 혼자서는 안 되는 것을 알 수 있다. 남편이 아무 관심도 기울여주지 않고, 아무런 조언도 없이 맡겨만 두면, 반드시 어느 단계에서 탈이 생긴다. 아무리 엄마가 똑똑하고 정보가 많다고 해도, 엄마 혼자 아이를 다루기에는 무리가 있기 때문이다. 또한 너무 많은 정보 사이에서 엄마가 길을 잃거나 욕심에 빠졌을 때, 그것을 일깨우고 제자리로 돌아오게 만들 사람도 없기 때문이다.

민사고에 와서 놀랐던 것 중 하나는, 학부모님 중 유난히 아버지들의 참여가 많다는 것이었다. 처음 예비교육기간에 짐을 챙겨서 왔을 때에도, 아버지들이 짐을 나르며 일일이 방 안을 정돈해 주는 모습을 볼 수 있었다. 체육대회, 예술제 등 부모님들이 참석해야 하는 행사에도 아버지들이 부지런히 오신다. 다른 학교들은 어머니들만의 커뮤니티가 활발히 유지되지만, 민사고에서는 어머니들은 물론 아버지들의 커뮤니티도 활발하다.

희정이 아빠는 희정이의 일이라면 무엇이든 궁금해 한다. 희정이가 지금 하고 있는 동아리활동에도 관심을 보인다. 희정이가 해비타트 사랑의 집짓기 봉사를 시작하자, 남편은 재미있겠다며 귀를 쫑긋 세우고 들었다. 처음으로 춘천 사랑의 집짓기 현장으로 봉사를 나가기로 한 날, 희정이 얼굴이 울상이 되었다. 해비타트는 미성년자는 반드시 부모의 인솔 하에 참여하도록 규칙을 두고 있는데, 희정이가 춘천에 가기로 한 날 인솔해 주기로 했던 친구의 아빠가 일이 생겨 못 오게 된 것이었다. 발을 동동 구르는 희정이를 위해 남편은 선뜻 월차를 내어 함께 가주겠다고 나섰다. 쉽지 않은 결정이었을 텐데, 남편은 그런 상황에서 무엇을 선택해야 할지 잘 알고 있었다. 더구나 봉사를 마치고 온 후 해비타트의 열혈 봉사자가 되어 병원 직원들과 함께 봉사를 나가는가 하면, 이제는 필리핀까지 가겠다며 달력을 들여다보고 있다.

기다리는 엄마가 되어주세요

소아정신과에서 일하는 나는 늘 문제아들에 둘러싸여 산다. 공부를 전혀 하지 않는 아이, 게임중독에 빠진 아이, 폭력적인 행동을 하는 아이, 집중력 장애를 앓고 있는 아이 등등 너무나 다양하다.

병을 치료하려면 그 병의 원인으로 파고들어 가야 한다. 늘 그렇듯이 아이들의 이런 정신적 장애는 저절로 생긴 것이 아니다. 많은 부분 부모의 행동에 영향을 받아 그 반대급부로 생긴 것이다. 그래서 나에겐 아이의 병을 치료하는 것도 중요하지만, 부모님께 지금까지 가졌던 아이에 대한 태도를 고치도록 조언하는 것도 중요하다. 아이에게 늘 윽박지르는 아버지, 잔소리를 쉴 새 없이 하는 어머니, 일관성 없는 교육철학으로 아이를 이 학원 저 학원으로 돌리는 어머니, 성적에 지나치게 집착하는 부모 등등 아이의 행동을 그르치는 방법은 다양하다. 한 마디로 말하자면, 늘 부모의 입장만 생각할 뿐 아이 입장에서는 전혀 생각하지 않는 것이다.

부모는 아이에게 바라는 것이 너무 많다. 건강하고 밝게 커주길 바라고, 착한 자식이 되길 바라고, 공부도 뛰어나고 사교성, 예의범절, 리더십 등도 다 뛰어나길 바란다.

하지만 아이에게는 고유의 성격과 재능이 따로 있다. 부모들은 모든 것을 바라기 이전에 내 아이가 갖고 있는 게 무엇인지 먼저 파악해야 한다. 내 아이에게 어떤 재능이 있는지, 무엇을 좋아하는지, 어떤 성격을 가졌는지, 무엇을 타고났는지 먼저 파악하고 아이가 그것을 키워 나갈 수 있도록 최대한 지원을 해주어야 한다. 아이에게 없는 것들은 좀더 키울 수 있도록 보조해 주되 강요해서는 안 된다.

또한 문제가 생겼을 때, 부모들은 성급하게 그것을 해결하려고 한다. 가만히 내버려 두면 아이 스스로 알아서 고칠 수 있는 문제까지도 부모가 가위와 풀을 들고 달려와 자르고 붙이려 하는 것이다.

하지만 과연 부모의 생각은 옳을까? 부모는 아이를 위해 직접 나서서 문제를 해결해 주었다고 생각하겠지만, 시간이 지나고 보면 오히려 문제를 악화시켰다는 걸 알 수 있다.

나 역시 소아정신과 의사이기 이전에 내 두 아이들에게는 엄마이기 때문에 같은 실수를 저지를 때가 많았다. 희정이에게 안 좋은 일이 생기거나 내 도움이 필요하다고 생각되면, 내가 먼저 나서서 이런저런 방법으로 해결해 줄 생각을 했었다. 희정이의 방법보다 내 방법이 옳다고 생각해서 옆에서 이렇게 저렇게 해보라며 조언을 하기도 했었다.

"엄만, 그게 아니라니깐. 알지도 못하면서."

희정이는 자기 방식대로 하겠다고 말했다. 그리고 시간이 좀 흘러서 돌이켜보면, 딸이 선택한 방법이 옳았음을 알 수 있었다.

'내가 어리석은 조언을 했구나. 나보다 우리 아이들이 더 잘 알고 있구나!'

그러면서 점점 한 발짝 물러서서 바라보는 연습을 하게 되었다. 쉽지는 않았지만, 그 편이 내 아이에게 더 좋다는 걸 알았기 때문이다.

청소년기는 부모의 울타리를 벗어나 아이들이 독립을 꿈꾸는 시기다. 아이들은 틈만 나면 부모의 감독을 벗어나 홀로서기를 감행한다. 그러면서 여전히 자신을 믿어주고 이해해 주고 지원해 주길 바라는 것이 청소년기이다.

우리는 아이가 어떻게 해 나가는지 믿음과 이해로 조용히 지켜보면 된다. 가끔 넘어질 때 일으켜 세워 무릎에 붙은 흙을 털어주면서…….

부록

토플시험 관련 정보

1. CBT 토플시험

　몇 년 전까지만 해도 우리는 OMR 카드에 답을 표기하는 PBT(Paper Based Test, 종이기반) 토플시험을 치렀다. 당시 토플은 677점 만점이었고 대부분 문법과 어휘에 집중되어 있었다. 문법 교육 중심의 한국인에겐 가장 유리한 시험이었지만 PBT는 2000년 9월 이후 사라졌다.

　지금은 CBT가 실시되고 있다. 컴퓨터기반의 시험인데 난이도 자동조절이라 일컫는 CAT(Computer Adaptive Testing) 기능까지 있어서 수험자가 문제를 푸는 수준에 따라 출제되는 문제의 난이도가 조절된다. 다시 말해서 수험자가 초반의 문제들을 모두 맞히면 중반 이후 난이도가 높은 문제들이 출제되고, 그만큼 배점도 높기 때문에 고득점을 받을 수 있다. 반면에 초반의 문제를 틀리게 되면 난이도와 배점이 낮은 문제들이 출제되어 고득점이 어려워진다.

　CBT는 '청취Listening', '문장 구조Structure', '독해Reading Comprehension', '쓰기Writing'의 순서로 진행되는데 첫 청취의 문항 수에 따라 세트 유형이 세 가지로 나뉜다. 다음 표를 보면 좀더 자세히 알 수 있다.

구 성		소요시간		
		30세트	49세트	변형 30세트
Tutorial		시험 방식 안내		
Listening	Part A 짧은 대화 구문	11문항	17문항	11문항
	Part B 긴 생활 대화, 학술토론, 강의문	19문항	32문항	19문항
Structure		25문항 (20분)	20문항 (15분)	20문항 (15분)
Reading		55문항 (90분)	44문항 (70분)	44문항 (70분)
Writing		30분	30분	30분

　표에서 보는 것처럼 30세트는 청취-문법-독해가 30-25-55 문항으로 구성되고, 49세트는 49-20-44로 구성된다. 어떤 세트가 출제되는지는 한 달을 주기로 바뀌는데, 최근의 경향을 보면 49세트는 점점 출제 빈도가 낮아지고 있다. 오히려 변형 30세트라 불리는 30-20-44의 새로운 세트가 등장하여 49세트를 대체하고 있다.

　CBT 토플은 전산으로 처리되기 때문에 한 날 한시에 시험을 보아도 옆 사람과 나의 시험지가 완전히 다르다. 또한 Writing을 제외하고는 시험이 끝나는 동시에 점수 확인이 가능하다. 또한 Structure 섹션은 Writing과 점수가 합산하여 나오기 때문에 정확한 점수가 아닌 점수 범위가 나온다. 즉 3~23점, 5~30점 등의 대략의 범위가 제시되는 것이다. Writing을 포함한 모든 성적을 정확히 확인하려면 시험 친 날로부터 8~9일 후 ETS의 국제전화(1-609-771-7267)로 전화를 걸거나 2~5주 후에 주소지로 성적표를 수령하여 확인하는 방법이 있다. 전화 확인에는 10달러의 비용이 든다.

2. 차세대 토플 IBT

2006년부터 우리나라에서는 CBT 대신 IBT가 시행될 예정이다. IBT는 인터넷을 통해 시험을 치른다는 의미의 Internet Based Test의 약자로 Speaking 테스트가 추가되고, Structure 영역이 제외된 새로운 유형의 차세대 토플이다.

1) IBT의 구체적인 특징

- Speaking이 추가되고, Structure가 사라진다.
- 지금까지는 Listening, Reading, Writing 등이 모두 별개의 섹션이었지만 IBT에서는 들은 것을 말로 옮기기, 혹은 읽은 것을 말로 옮기기, 혹은 읽고 들은 것을 말로 옮기기 등등 섹션을 연계하는 통합형 문제가 출제된다.
- 난이도 자동조절 기능이 사라진다. 과거 종이기반의 토플시험처럼 정해준 문제들이 출제된다.
- 총점 120점, 총 응시시간은 4시간이다.
- 인터넷을 통해 시험 접수를 할 수 있으며, 시험을 치르고 15일이면 인터넷에서 시험성적을 확인할 수 있다. 성적은 총점은 물론 영역별 점수도 따로 평가된다.
- 간단한 메모지를 배부 받아 Listening 테스트의 예문 등을 받아 적을 수 있다. 메모지는 시험이 끝나면 모두 수거된다.

다음은 IBT의 구성 순서, 문항수, 그리고 그에 따른 소요 시간이다.

Section	문항수	시간
Reading	36~70문항	60~100분
Listening	34~51문항	60~90분
Break		10분
Speaking	6문항	20분
Writing	2문항	50분

2) IBT Speaking 시험의 유형

여섯 개의 문항으로 이루어진 IBT Speaking 시험에는 총 세 가지 유형이 있다.

유형 1 심사자가 한 가지 주제를 던져주고 수험자의 의견을 묻는 문제. 주제는 토플의 Writing 토픽과 거의 똑같다. 총 두 문제로 각각 15초의 답변 준비 시간과 45초의 답변 시간이 주어진다.

유형 2 45초 동안 짧은 지문을 읽고, 같은 주제에 대해 말하는 내용을 들은 후 질문이 주어진다. 읽는 것과 들은 것을 모두 통합하여 답을 해야 한다. 총 두 문제로 30초의 답변 준비 시간과 60초의 답변 시간이 주어진다.

유형3 대화나 강의를 듣고 주어진 질문에 답한다. 듣기와 말하기가 통합된 문제로 총 두 문제가 출제되며 20초의 답변 준비 시간과 60초의 답변 시간이 주어진다.

3) IBT Speaking 시험을 준비하는 법

IBT가 실시되기 시작하면 한국인의 평균 토플성적이 추락하는 상황이 벌어질 것이라며 우려하는 사람들이 많다. 그도 그럴 것이 문법, 독해 등에

강한 한국인들은 상대적으로 말하기와 쓰기에 약하기 때문이다. 더구나 성인이 아닌 중학생들에게는 그 혼란이 더욱 클 것이다. 다음은 Speaking 시험을 효과적으로 준비하는 방법이다.

- 에세이 공부를 하면서 말하기 공부를 함께 한다. 즉, 지금까지는 빈출 에세이 토픽에 대해 생각을 정리한 후 글로 쓰는 것이 전부였지만, 이제 글을 쓰기 이전에 말로 생각을 표현하는 훈련을 하는 것이다. 시간 제한이 있으므로 시계를 보면서 말하려는 내용을 군더더기 없이 깔끔하게 단축하는 훈련을 하자. 녹음기가 있다면 자신의 답변을 녹음해서 전문가에게 들려주어 교정을 부탁하는 것이 좋다.
- 독해 공부를 하면서 말하기 공부를 함께 한다. 다시 말해서 독해 지문을 읽은 후, 문제를 풀기 전에 말로 지문의 내용을 요약하는 연습을 하는 것이다. IBT Speaking에는 지문을 읽은 후 글을 요약하라는 문항이 있으므로 평소에 이 연습을 잘 해두면 도움이 된다. 역시 녹음기를 활용하여 발음과 억양을 교정해 두는 것이 좋겠다.
- 청취 공부를 하면서 말하기 공부를 함께 한다. 토플 청취 교재를 들은 후 들은 내용을 요약하는 연습을 한다. 특히 대학 강의 예문을 활용한다.

※ 자세한 사항은 한미교육위원단 홈페이지 (http://www.cbtkorea.or.kr)에서 참고하자.

민사고의 입학 전형 방식

1. 모집 지역

전국 단위

2. 모집 정원

총 신입생 수 약 150명 안팎 (학급당 15명, 10학급, 남녀 구분 없이 선발)

일반계열 : 60~90명

국제계열 : 60~90명

3. 지원 자격

1) 공통 자격 (다음 중 하나에 해당해야 함)

- 중학교 졸업자 혹은 졸업예정자로 3학년 1학기까지 5학기 중 1학기 이상에서 상위 5% 이상인 자
- 응시년도를 기준해서 해외에서 9학년 과정을 마칠 수 있는 자로 GPA 4.5(5.0 만점) 이상인 자
- 고등학교 입학자격 검정고시 합격자로 전 과목 평균 90점 이상인 자

2) 일반계열 지원 자격

- TOEFL 220점 이상(또는 TEPS 710점, TOEIC 800점 이상)이거나, 민족사관고등학교 수학경시대회 등급표, 혹은 미국 SAT I Math 또는

ACT(American College Test) 성적표를 제출할 수 있는 자

- TOEFL, TEPS, TOEIC 성적표를 제출할 수 있으며 아래 ⓐ~ⓖ 사항
  에 하나라도 해당하는 자

ⓐ 우리역사바로알기 경시대회(교육인적자원부, 국사편찬위원회 주최)
  동상 이상 수상자

ⓑ 한국수학올림피아드 동상 이상 수상자(1, 2차 구분 없음, 지역구분 없
  음)

ⓒ 한국 물리, 생물, 화학, 정보, 지구과학(천문) 올림피아드 동상 이상
  수상자

ⓓ 시 – 도 교육청 주관 수학, 과학, 정보 경시대회 동상 이상 수상자(단,
  시는 광역시 이상을 의미함)

ⓔ 민족사관고등학교 수학경시대회 동상 이상 수상자

ⓕ 민족사관고등학교 전국 중학생 논쟁식 토론대회 동상 이상 및 최우
  수 · 우수 토론자상 수상자

ⓖ 영재교육법시행령에 의한 영재교육기관, 또는 대학부설 영재교육센
  터에서 1년 이상 수학한 자로 해당 기관장의 추천을 받은 자

3) 국제계열 지원 자격

- TOEFL 240점 이상이거나, 민족사관고등학교 수학경시대회 등급표나
  미국 SAT I Math 또는 ACT(American College Test) 성적표를 제출
  할 수 있는 자

- TOEFL 220점 이상이며 위 ⓐ~ⓖ 사항 중 하나에 해당하는 자

4. 전형 방식

1차 서류전형 **원서교부 및 접수 : 8~9월 중** **서류전형 합격자 발표 : 9월 중**	1. 입학원서, 학교생활기록부(5학기 전체 내신성적, 출결사항, 봉사활동, 기타활동 등이 기재된 서류), 학업계획서, 본인의 전문성을 입증할 수 있는 자료 등을 종합 심사 2. TOEFL, TEPS, TOEIC 성적은 지원 자격 기준으로만 사용하되, 일반계열의 두 번째 자격으로 성적표를 제출한 자에겐 참고 자료로만 활용한다.
2차 영재판별검사 : 9월 하순	국어·사회 등의 언어영역, 탐구수리영역을 중심으로 논리적이고 합리적인 사고력과 창의적인 문제 해결력을 측정한다.
3차 심층면접 : 10월 초	지원자가 자신 있는 분야를 선택하여 면접을 본다. 선택 분야는 리더십, 국어, 영어, 수학, 물리, 화학, 생물, 지구과학, 정보, 종합학업능력 등이다. 대체적으로 영어경시대회 특기자는 영어를, 과학 분야 특기자는 해당 분야를, 그 외에는 리더십과 종합학업능력을 많이 선택한다.
합격자 발표 : 10월 초 **합격자 등록 : 10월 중** **합격생 및 학부모 회의 : 10월 중**	※ 모든 전형 과정은 우리말로 진행됨 ※ 최종 선발 과정에서 서류전형, 영재판별검사, 심층면접 등 각각의 점수가 일정 수준 이상이어야 함 ※ 정원 외 입학 대상자의 경우에도 모든 전형 과정은 동일함

5. 제출 서류

1) 입학원서(민족사관고등학교 홈페이지)

2) 7, 8, 9학년 학교생활기록부 사본(외국 학교의 경우 Transcript, 검정고시출신자는 성적표 사본)

3) 학업계획서(민족사관고등학교 홈페이지)

4) 채용신체검사서 또는 기숙사 입주용 건강진단서(정신질환, 선천성 난치질환, 법정 전염병 진단 포함)

5) 지원 자격 증명용 성적표(영어, 수학) 사본, 상장 사본, 영재교육기관 수학 증명서 및 추천서(해당자)

6) 중학교 재학시, 학교생활기록부에 기재되지 않은 경시대회 상장 사본
   (해당자)

7) 중학교 재학시의 전문성 입증 자료 사본(심층면접 해당 분야)

8) 정원 외 특례 입학 대상자 증명 서류(해당자)

9) 서류 전형료 : 우체국 소액환(4,000원)

* 제출된 서류는 일체 반환하지 않음.

6. 합격자 배제 조건

1) 청력 상태 이상자 및 언어 장애자

2) 정신 질환자, 선천성 난치 질환자 및 법정 전염병 환자

3) 기타 본교에서의 학업에 지장이 있다고 판단되는 자

4) 제출된 서류가 사실과 다른 자

7. 문의 및 접수처

주소 : (225-823) 강원도 횡성군 안흥면 소사리 1334번지 민족사관고등
       학교 입학관리실

전화 : (033) 343-1116

팩스 : (033) 342-8661

홈페이지 : http://www.minjok.hs.kr

※ 위 사항은 학교 사정에 따라 바뀔 수도 있습니다.

민사고 관련 각종 테스트

1. 민사고 수학경시대회

1) 참가 자격 – 다음 네 가지 중 하나에 해당하는 자

① 중학교 졸업예정자로, 중학교 2학년 2학기까지 4학기 중 1학기 이상에서 민족사관고등학교 내신산출프로그램 기준, 공통 자격을 인정받은 자

② 중학교 졸업자로, 중학교 전 과정 중 1학기 이상에서 민족사관고등학교 내신산출프로그램 기준, 공통 자격을 인정받은 자

③ 응시년도를 기준하여 해외에서 9학년 과정을 마칠 수 있는 자로, 외국의 중학교에서 최소한 한 학기 성적이 GPA 4.5 이상인 자

④ 고등학교 입학 자격 검정고시 전 과목 평균 90점 이상인 자

2) 진행 방식

- 원서 교부 및 신청 : 4월 하순
- 참가비 : 50,000원
- 신청서류 : 응시원서, 생활기록부 1부
- 수험번호 확인 : 5월 중
- 대회 일 : 6월 중
- 대회 소요시간 : 약 3시간
- 성적 발표 : 7월 개별 발송, 단 수상 대상자는 홈페이지에서 발표
- 시상식 : 7월 중

3) 출제 방침

● 범위 : 중학교 수학 과정을 심도 있게 공부한 사람이라면 누구나 풀 수
있는 문제

● 형식 : 5지 선다형 또는 단답형 (전체 25문항 내외)

2. 민사고 우리말 토론경시대회

1) 대회 일시

● 예선 : 5월 중

● 본선 : 7월 하순 2박 3일 캠프 형식

2) 대회 장소

● 예선 : 서울의 중학교 캠퍼스

● 본선 : 민족사관고등학교

3) 참가 자격

● 학교팀 : 국내외 중학교 재학생으로 동일 학교에 재학 중인 4인 (팀명
이 있어야 하며 적어도 1명 이상 아래 학년 학생이 포함되어야 함. 팀
전원 1학년인 경우도 참가 가능)

● 개인 : 국내외 중학교 재학생

4) 진행 방식

● 예선 : 현장에서 발표되는 주제에 대해 토론글 쓰기. 150분의 시간이

주어진다. (학교팀은 팀원 점수를 합산하여 상위 12개 팀 선정, 개인은 상위 점수 48명 선정)

● 본선 : 학교팀은 조별 풀 리그전을 통해 상위 승률 4개 팀을 선정하여 결승 토너먼트 진행, 개인은 팀 편성 후 조별 리그전을 통해 상위 승률 4개팀 선정하여 결승 토너먼트를 진행한다. 현장에서 토론 주제가 발표되고 찬반 중 어느 파트를 맡을지 추첨을 한다. 80분간 팀별 작전 회의 및 조사 작업을 할 수 있다. 한 팀의 4명이 각각 찬성(반대) 발제, 1차 찬성(반대) 논박, 2차 찬성(반대) 논박, 찬성(반대) 정리 등의 역할을 맡는다.

5) 시상

● 단체시상 : 금상 1팀, 은상 1팀, 동상 2팀
● 개인시상 : 우수 토론자 3명 선정

3. 영재판별검사

민사고는 2004년 전형부터 '영재판별검사'라는 필기고사를 치르고 있다. 이것은 중학교 과정에 대한 지원자의 이해도를 창의도 측면에서 전반적으로 테스트하는 시험이다. 크게 인문사회영역과 수리과학영역으로 시험을 보는데, 최종 결과가 중요한 것이 아니라 지원자에 따라 영역별로 비중을 정해놓고 다른 객관적인 자료와 함께 종합적으로 비교 검토하는 것이 특징이다. 1차 서류전형 합격자에 한해 9월 중 실시한다. 인문사회영역 90분 실시 후 90분 휴식, 수리과학영역 150분으로 총 5시간이 소요된다.

1) 영재판별검사 출제 범위 및 방향

● 인문사회는 언어와 사회 부문으로 언어 능력, 논리성, 비판력, 창의적 사고력 등을 평가한다.

● 수리과학은 수학과 과학으로 창의적 문제 해결력을 평가한다.

● 중학교 과정 내에서 심화된 내용을 범위로 하며 과목 간, 학문 간, 통합교과적으로 출제된다.

● 국어로 출제되고 국어로 답하는 것이 원칙이지만 국제계열 지원자에 한해 영어로 답안을 작성하는 것이 허용된다.

● 문항수는 비공개로 매년 달라진다.

● 정답보다도 정답을 찾아가는 과정적 사고를 중시한다.

2) 영재판별검사에 대비하는 법

2004년 첫해 영재판별검사가 등장했을 때 많은 혼란이 있었지만, 이것은 근본적으로 중학생들이 보는 여러 테스트와 크게 다르지 않다. 국어는 많은 양의 독서를, 사회는 상식을, 수학과 과학은 창의성 문제풀이 위주로 준비를 하는데, 난이도는 경시대회 수준보다도 오히려 더 쉬운 것으로 알려져 있다. 민사고 영재판별검사는 깊이 있는 문제를 출제하지만 절대로 중학교 학습 범위를 벗어나지 않기 때문이다.

다만 모든 문제들이 사고력, 창의력을 평가하는 데에 초점이 맞춰져 있기 때문에 생각하는 훈련을 많이 해두어야 한다. 다음은 과목별 문제 유형과 준비 방법이다.

1) 문제 유형

- 시나 소설 중 한 토막을 제시한 후 같은 주제로 시를 짓게 한다.
- 소설의 지문을 보여준 후, 같은 내용을 시점을 바꿔 개작하게 한다.

2) 준비 방법

① 제일 먼저 중학교 국어 교과 과정을 성실하게 이행한다.

- 각 단원의 학습목표에 상응하는 내용과 학습활동 문제들을 통해 사고력과 표현력을 기른다.
- 중학교 각 단원에 소개된 관련 참고도서를 읽고 그 내용을 비판적으로 재해석해 둔다.
- 단원 관련 문학 작품을 통해 문학적 상상력을 확대시킨다.

② 고전을 많이 읽는다.

- 다양한 독서를 통해 풍부한 배경지식을 쌓아 독해 능력을 향상시킨다.
- 창의력, 상상력, 풍부한 어휘력을 길러둔다.

③ 글쓰기를 통해 논리력과 비판력, 창의력, 표현력, 문제 해결 능력 등을 기른다.

- 주어진 자료나 제시문을 분석하고 주어진 논제에 부응하는 글을 창의적으로 쓸 수 있어야 한다.

1) 문제 유형

- 발산형 서술문제로 자유롭게 창의적인 발상으로 문제를 규정하고 풀어 나가게 한다.

ex) 청량사와 안동서원에 나타난 전통적 유가문화와 불교문화의 특징을 두 문화가 본 인간 이해를 중심으로 비교 서술하시오.

- 토론형 문제로 논제를 듣고 토론을 한다. 토론의 과정에서 지원자의 리더십, 멤버십, 인성, 사회성 등을 측정한다.

2) 준비 방법

- 교과서의 내용을 충실히 학습한다.
- 신문을 읽어 시사 상식을 넓힌다.
- TV 토론 프로그램을 자주 시청하여 자세, 발성 등을 연습한다.
- 주제를 잘 파악해서 문제풀이에 임한다. 중심을 갖고 주제에서 벗어나는 이야기를 잘라내는 능력이 필요하다.

수학

1) 문제 유형

- 창의력 문제 형식으로, 중학교 교육을 깊이 있게 공부한 학생이면 누구나 풀 수 있는 문제로 이루어져 있다.
- 서술형이며 다단계 문항이 포함될 수 있다.

2) 준비 방법

- 중학교 교재의 내용을 이용하여 추론해 낼 수 있는 것을 끝까지 유도해 본다.
- 시중에 유통되고 있는 문제집의 문항들을 거꾸로 생각해 본다.
- 중학교 범위를 다루는 경시대회 문제집의 창의력 문제를 많이 풀어본다.

1) 문제 유형

- 모두 서술형으로 출제되므로 정확한 개념 이해가 수반되어야 한다.
- 어떤 현상에 대해 논리적으로 그 원리를 설명하는 문제, 기후 현상, 천문현상 등에 대해 그 배경 원리를 제시하는 문제 등이 출제된다.
- 교과 과정에 대한 확실한 이해와 함께 다양한 과학적 상식이 필요하다.

2) 준비 방법

	공부 방법	공부 자료	예시 문제
물리	물리의 기본 개념을 습득할 수 있는 관련 서적을 많이 읽는다.	『Why Book』 시리즈 (아카데미 서적)	물이 4도에서 부피가 최소가 되는 이유를 분자모델로 설명해 보세요.
화학	화학 관련 서적을 읽는다.	다양한 과학 서적과 잡지, 신문 등을 읽는다.	산화와 환원에 대하여 설명해 보시오.
생물	생물의 기본 개념을 습득할 수 있는 관련 서적을 읽는다.	『선생님도 놀란 과학뒤집기』 시리즈 (성우)	미생물의 자연 발생을 부정할 수 있는 실험을 예로 들고 설명해 보세요.
지학	지구과학 관련 서적을 읽는다.	다양한 과학 서적과 잡지, 신문 등을 읽는다.	저녁 7시에 하늘을 보니 동쪽에는 달이, 남쪽에는 밝은 목성이, 서쪽에는 금성이 보였다. 그런데 금성 옆으로 뭔가 못 보던 천체가 보였다. 일주일 뒤 저녁 7시에 보니 그 천체가 남쪽에 있었다. 그 천체에 대해 추측할 수 있는 모든 사항을 서술하시오.

4. 심층면접에 대비하는 법

심층면접은 민사고 전형의 마지막 단계로 서류와 영재판별검사 일주일 후에 이루어진다. 지원자는 서류전형 단계에서 어떤 분야에서 심층면접을 받을지 미리 선택할 수 있다. 리더십과 종합학업능력 둘 중 하나를 선택하거나 국어, 영어, 수학, 물리, 화학, 생물, 지구과학, 정보 등 자신의 특기 분야를 미리 선택해 둔다. 심층면접의 목적에는 전문성 평가도 있지만 인성면접도 있다. 특기 분야 심층면접의 경우에는 영재판별검사에서 출제되는 문제와 같은 유형의 문제들이 출제되므로, 영재판별검사를 준비하면서 심층면접을 함께 준비하면 된다. 단 수학, 과학 특기자들의 경우 한국올림피아드에 준하는 수준 높은 학습이 이루어져야 한다.

1) 국어 심층면접

- 위의 영재판별검사 언어 부문과 관련된 준비 사항과 같은 방향으로 학습한다.
- 모르는 단어는 사전에서 찾아 그 쓰임을 익힌다.
- 기본 한자를 익힌다. (한자어로 인해 글의 흐름이 막히지 않도록 한다.)
- 국어 교과에 대한 기본 개념을 익힌다. (설명 방법, 표현 방법, 시점, 문학 감상의 관점 등등)
- 정확한 어법을 익힌다.
- 문학 작품들의 분위기, 성격, 주제 및 작품 경향 등을 파악해 본다.
- 문학, 비문학 지문의 독해 연습을 많이 한다.

2) 영어 심층면접

구두면접에 이어 즉석에서 토픽을 주어 20~30분간 에세이를 작성하게 한다. Speaking과 Writing 실력을 동시에 측정하기 위해서다.

3) 수학 심층면접

수학 부문의 특기자에 대한 심층면접은 심화반 수업의 기초 내용인 정수론, 함수론, 조합론 등을 묻는다. 이 부분에 지원하는 학생들은 한국수학올림피아드 수준의 문제를 반복 학습해 두어야 한다. 면접 형식은 몇 가지 문항 중 자신 있는 것 하나를 선택하여 대답하는 식이다.

4) 과학 심층면접

이 부문에 지원하는 학생들은 한국 물리, 화학, 생물, 천문 · 지구과학, 정보 올림피아드 중 한 분야에서 입상하거나 이 과정을 준비하는 것이 도움이 된다. 면접 형식은 몇 가지 미리 준비된 문항 중 하나를 면접자가 선택하여 대답한다.

민사고 교육 제도·방법

1. 민사고의 3-Step Education

민사고의 영재교육 방식을 한 마디로 일컫는다면 '3단계 교육', 즉 '3-Step Education'이라 말할 수 있다. 즉 민사고의 교수 학습법은 '가르치고 (Teaching/Lecture), 토론하고(Discussion/Debate), 사사받는 (Writing/Tutoring)' 3단계 과정인 것이다.

첫째, '가르치기' 단계는 선생님의 가이드 단계라고 말할 수 있다. 학습 내용에 대해 선생님이 깊이 있게 설명을 해주고, 아이들의 예상치 못한 질문에도 충분히 대답을 해준다. 또 모르는 내용에 대해서는 언제나 선생님의 연구실로 찾아가 질문할 수 있다.

둘째, '토론하기' 단계는 선생님으로부터 배운 기본 개념하에 논제를 뽑아내고 토론을 펼쳐 비판적 사고와 창의적 문제 해결력을 기르는 것이다. 학생들은 이 과정을 통해 자신의 주장에 대한 논리력, 표현력, 설득력 등을 기르게 되며, 다른 학생들의 발언을 경청하고 분석 혹은 비판할 능력을 함양하게 된다.

마지막으로 '사사받기' 단계는 개별 교사와의 1대 1 면담을 통해 부족한 부분을 보충하는 것을 말한다. 또 실험 및 논문 쓰기 등의 다양한 '쓰기 Writing' 경험으로 완전학습을 추구하는 것이다. 고등학교 재학 중 소논문을 쓸 기회를 갖는 것은 앞으로 학문활동을 해 나가는 데에 있어 귀중한 체험이 될 것이다.

2. 몸과 마음을 살찌우는 민족6품제

민사고의 공부 방법 가운데 '민족6품제'라는 프로그램이 있다. 학생이 거둔 성과를 공식적인 절차를 거쳐 자격을 인증해 주는 것이다. 학생으로 하여금 하고자 하는 동기를 유발시켜 주고 성취감을 느끼게 해준다. 학습 동기를 갖는 것과 학습의 성취감을 느끼는 것은 공부를 열심히 하게 하는 가장 기본적인 요소가 된다.

6품은 영어, 심신수련, 예술, 봉사, 독서, 한자 등 여섯 분야로 구성되어 있다. 학생은 자신의 특성과 필요에 따라 자유롭게 선택한 후, 인증을 받기 위해 노력한다.

- **영어품** – 한미교육위원회에서 주관하는 공식 토플점수가 기준 이상이 되면 자격을 얻는다. 그 기준은 일반계열인 학생은 CBT 237점, 국제계열인 학생은 CBT 267점이다. 학생이 공식 토플점수를 학교에 제출하면 인증을 받을 수 있다.
- **심신수련품** – 태권도와 검도를 대상으로 하는데, 태권도연맹과 검도연맹에서 단증을 받으면 자격을 얻는다. 아침운동 시간에 꾸준히 1년 정도 하면 단증을 받을 수 있다. 그 단증을 학교에 제출하면 인증을 받을 수 있다.
- **예술품** – 우리의 전통악기 연주 능력이 기준 이상이 되면 자격을 얻는다. 그 기준은 무형문화재 전수자가 전문가의 안목으로 판단한다. 남학생은 단소, 태평소, 대금 등을, 여학생은 가야금을 배운다. 무형문화재 전수자로부터 받은 인증서를 학교에 제출하면 된다.
- **봉사품** – 봉사시간이 80시간 이상이 되면 자격을 얻는다. 봉사기관에

서 주는 봉사활동 확인증을 학교에 제출하면 인증을 받을 수 있다.

- **독서품** – 책을 읽고 독서시험을 쳐서 자격을 얻는다. 일반계열은 국내서 50권, 국제계열은 영어 원서 50권을 읽어야 한다. 2주마다 책 1권씩 읽고 독서시험을 친다. 매 학기말에 읽은 책 목록과 독서시험 결과를 학교에 제출하면 인증을 받을 수 있다.
- **한자품** – 공식적인 한자인증시험에서 기준 이상이 되면 자격을 얻는다. 그 기준은 인문계열은 3급, 자연계열은 4급, 국제계열은 5급이다. 인증서를 학교에 제출하면 된다.

3. 민사고의 독서 교육

민사고의 독서프로그램은 학교 도서관, 교육과정, 교사와 학생들로 연결되는 독서의 생활화로 설명할 수 있다. 현재 민사고의 교육과정에서 독서프로그램은 선택이 아닌 필수적인 요소로 자리 잡았고, 학생들에게 가장 효율적인 독서프로그램을 제공하기 위한 노력이 지속적으로 이루어지고 있다.

독서프로그램은 민사고의 교육 목표를 달성하기 위한 수단이며, 민사고 교육의 특징을 가장 잘 보여주는 사례이다. 일반적으로 독서 교육은 문학읽기의 수단이며, 국어 교육의 하나로 인식되고 있다. 그러나 참다운 독서란 세상에 대한 지식과 이해력을 높이고, 자신을 바르게 아는 안목을 기르는 방법이다. 책을 읽는 것은 지식을 얻어 돈을 벌거나, 지위를 높이기 위해서가 아니다. 책을 읽는 것은 궁금한 것을 알고, 내가 좋아하는 것을 찾고, 올바른 가치관을 가진 바른 사람이 되기 위해서이다. 독서 교육은 학문을 위한 공부의 방법이며, 민족의 지도자로 학생들을 양성하기 위한 전인교육의 방법이며, 교육 목표를 달성하기 위한 가장 중요한 방법인 것이다. 민사고의 설립과 함께 독서의 중요성을 인식하고, 학교 차원에서 다양한 독서 교육 프로그램을 개발하여 운영해 오고 있으며, 2000년부터 민족6품의 하나로 독서품 제도를 실시하고 있다.

바람직한 독서는 다양한 주제의 명저를 선정해, 지속적으로 하는 것이다. 그리고 독서를 통해 자기주도적 학습 능력이 향상되고, 교과학습의 성취도를 높이는 것이다. 이를 위해 독서프로그램은 전 교과가 참여하고, 입학에서 졸업까지 지속적인 독서가 가능하도록 계획, 운영되고 있다.

본교의 독서프로그램은 모든 학생에게 졸업 때까지 각 교과에서 선정한 50권의 책을 읽게 하고, 시험을 통해 독서의 이해도를 측정한다. 국제계열의 학생들은 2학년까지 40권의 영어 고전과 10권의 한글 명저들을 읽고 시험을 통해 독서의 여부와 이해 정도를 측정한다. 민족계열의 학생들은 2학년까지 50권 이상의 한글과 영어 고전을 읽고, 시험을 통해 독서의 여부와 이해 정도를 측정한다.

2주에 1권의 책을 읽고 시험을 치르는 것은 학업의 부담이 적지 않은 학생들에게 쉽지 않은 것이다. 그러나 학생들의 반응은 힘들지만 즐겁다는 것이다. 독서를 통해 학생들은 본인들의 사고력이 깊어지고, 글쓰기 능력이 높아지는 것을 확인할 수 있었기에 힘든 과정을 마칠 수 있다.

★ 2004년 민족계열 독서프로그램 필독서

서명	저자	교과	서명	저자	교과
김윤식교수의 시특강	김윤식	국어	컴퓨터를 만든 15인의 과학자	데니스샤샤, 캐시리이지어	과학
자유론	존 스튜어트 밀	사회	스포츠와 가치	김남영 외 5명	예체
수학사 가볍게 읽기	샌더슨 스미스	수학	서울, 1964년 겨울	김승옥	국어
백범일지	백범	사회	국가	플라톤	사회
이기적유전자	리차드 도킨스	과학	천재 과학자들의 숨겨진 이야기	야마다 히로타가	과학
난중일기	이순신	예체	미학오딧세이 1, 2	진중권	예체
대중매체 읽고 쓰고 생각하기	송재희 외	국어	국어의 풍경들	고종석	국어
원칙중심의 리더십	S. Covey	사회	The Social Contract	Rousseau	사회
이야기 파라독스	마틴 가드너	수학	광장	최인훈	국어
그리스, 로마 신화	이윤기	사회	우리 수학가 모두는 약간 미친 겁니다	폴 호프만	수학
파이만씨 농담도 잘하시네요	리차드 파이만	과학	인간의 성격	정원석	사회
삼대	염상섭	국어	다산문선	정약용	국어
프로테스탄트의 윤리와 자본주의 정신	M. Weber	사회	New Ideas From Dead Economists	Buchholz	사회
사기열전 1	사마천	사회	과학사의 뒷얘기 1-4	A. 섯클리프	과학
과학이 세계관을 바꾼다	이인식	과학	한국의 명수필		국어
노동은의 두 번째 음악상자	노동은	음악	나의 문화유산 답사기	유홍준	사회
이강백 희곡선집 1	이강백	국어	한국의 미 특강	오주석	예체
삼국유사	일연	국어	The Old Man and the Sea	Hemingway	영어
아름다운, 너무나 아름다운 수학	콜	수학	맹자	맹자	국어
택리지	이중환	사회	Animal Farm	George Orwell	영어
젊은날의 초상	이문열	국어	The Pearl	John Steinbeck	영어
Jonathan Livingston Seagull	Richard Bach	영어	Tales from the Thousand and One Nights	N.J. Dawood	영어
나는 파리의 택시 운전사	홍세화	사회	The Catcher in the Rye	J.D. Salinger	영어
Seize the Day	Saul Bellow	영어	Hiroshima	John Hersey	영어
Lord of the Flies	Golding	영어	Things Fall Apart	Achebe	영어

2005년부터는 학생들의 독서활동을 지원하기 위해 독서노트를 제작해 학생들이 독서의 결과를 정리하고, 담당교사가 지도할 수 있도록 하고 있다. 학생들은 독서의 결과를 독서노트에 기록하고, 도서관에서는 매달 학생들의 독서노트를 점검하여 학생들의 독서 상황을 점검한다.

★ 2005년 독서노트 구성

페이지	내 용
2 - 3	민족사관고등학교 독서프로그램 설명
4	독서 이력서
5 - 55	독서 기록(51권 분량)
56 - 63	독서 메모(35권 분량)
64 - 71	독서 마인드 맵(7권 분량)
72 - 84	감명 깊은 문구
85	최고의 책 5권, 최악의 책 5권
86 - 90	독서 정보 찾기(4권)
91 - 96	리뷰(5권)

4. SAT에 대한 모든 것 ☆ 8기 국제반 김현호

특별활동, 봉사활동, 경시대회……. 이 모든 것이 중요하지만 민사고 국제계열 학생들에겐 우선 SAT점수를 갖춰놓는 것이 중요하다. SAT 고득점이 갖춰져야 이런 요소들도 더 빛을 발할 수 있기 때문이다. SAT가 무엇인지, 어떤 방식으로 준비해야 하는지 차근차근 살펴보자.

SAT I

기존의 SAT는 '언어Verbal'와 '수학Math' 등 두 과목만 보았으며 총

점은 1,600점이었다. 2005년부터 시작된 새로운 SAT는 Verbal이 'Critical Reading'으로 바뀌었으며, 원래 SAT II에 있던 Writing 과목이 추가되었다. 세 과목이 된 만큼 총점도 2,400점으로 늘어났다.

원래 Verbal의 한 영역이었던 Critical Reading이 아예 독립적인 영역이 된 것은 어휘 중심의 단순한 문제에서 탈피하여 과학, 역사, 인문학을 포괄하는 광범위한 영역으로 그 범위를 확대하겠다는 의지이다. 단순히 영어만 알아서는 풀기 어려운, 교양상식이 동반되어야 하는 문제가 출제되므로 더 많은 독서가 필요해졌다.

Math는 기존의 Quantitative Comparison 영역이 제외되고 대수학 II가 추가되었다. 따라서 범위도 절대값, 함수, 지수 등으로 문제 대상이 늘어났으며 난이도도 높아졌다.

Section	점수	내용	문제 유형	시간
Critical Reading	200~800점	비판적 독해 문장 독해	읽기의 이해력 문장의 완성 단락의 비판적 독해	70분
Writing	200~800점	에세이 문법, 관용어, 용어 선택	에세이 오지선다형	60분
Math	200~800점	수, 연산 대수학 I, II, 함수, 기하학, 통계, 확률	오지선다형 주관식	70분
총점 2,400점 – 최소 600에서 최대 2,400점 시험시간 총 3시간 35분				

1) Critical Reading 시험 대비법

- 가급적 글을 많이 읽는다. 소설, 신문, 시, 역사, 과학을 망라하여 독서의 폭을 넓혀야 한다.
- 어려운 글을 읽는 노력을 하라. 그 결과로 짧은 길이의 문장을 정확히 이해하는 훈련을 해야 한다.
- 글을 빨리 읽고 포인트를 파악하는 훈련을 해야 한다.
- 글을 읽는 데서 그치지 않고 그 의도를 파악하고 자신의 생각을 비판적으로 전개하는 훈련을 해야 한다.
- 글을 읽은 후, 가능하다면 이를 토론하여 서로의 생각을 비교하고 자신의 생각을 정도하는 훈련을 한다.
- 글을 읽은 후 간단하게 리뷰를 작성하는 훈련을 통해 Writing 시험에도 대비한다.

2) Writing 시험 대비법

Writing은 SAT성적으로서도 중요하지만 대학에서의 영어작문 강좌 코스 배치에도 영향을 끼친다. 그만큼 많은 대비가 필요하다. 꾸준한 독서와 글쓰기를 통해 사고력을 개발하고 자신의 의견을 잘 정리할 수 있는 능력을 길러야 한다. 25분 안에 글을 써야 하므로 빠르게 글의 골격을 잡는 연습이 필요하다. SAT의 Writing은 주제를 너무 거창하게 접근하는 것보다 자신이 경험하고 공부한 것을 바탕으로 솔직하고 소박하게 풀어 나가는 것이 좋은 점수를 받는 비결이다. 또한 추상적인 설명보다는 구체적인 예를 제시하는 것을 잊지 말아야 한다.

3) 시험 시기 조정하기와 성적 관리하기

- 시험 신청은 스스로 정한다. www.collegeboard.com을 통해 신청한다.
- SAT성적은 고득점만 중요한 것이 아니라 거듭해서 시험을 보면서 발전하는 모습을 보여주는 것도 중요하다. 따라서 이미 만족할 만한 고득점을 취득했다면 더 이상 볼 필요가 없다. 생각보다 낮은 점수를 받은 과목이 있다면 더 열심히 공부해서 다음 시험에서는 확실한 실력의 향상을 보여주는 것이 좋은 인상을 준다.
- SAT는 과목별 별도 신청이 가능하다. 즉, 성적이 만족스럽지 않은 과목만 따로 볼 수 있다.

SAT II

SAT I이 일반 학습능력을 평가하는 시험이라면, SAT II는 '전문성 테스트'라고 할 수 있다. 학생 스스로 자신의 전문 분야를 선택하여 시험을 본다. 과거에는 Writing시험과 함께 이루어졌지만, 지금은 선택한 분야 하나만 시험을 본다. 선택 과목은 인문계열은 주로 작문, 문학, 미국역사, 세계사, 외국어 등이고, 자연계열은 수학레벨 IC, 수학레벨 IIC, 생물, 화학, 물리 등이다. 800점 만점으로 시험은 60분이다. 미국의 대부분의 대학은 SAT I 성적만으로 입학이 허락되지만, 경쟁이 치열한 아이비리그 대학들은 SAT II 성적까지 요구하고 있다.

1) 시험 대비법

- 수학을 선택하는 학생이라면 수학레벨 IIC를 선택하는 것이 유리하다. 이것은 수학레벨 IC보다 한 단계 어려운 과목이지만 그만큼 전문성을

인정받기 좋은 과목이기도 하다. 민사고의 수학 천재들이라면 무리 없이 고득점을 이룰 수 있는 과목이다.

- 선택한 과목의 SAT II 기출문제들을 많이 푼다.
- 성적에 자신 있는 학생이라면 복수 선택도 가능하다.
- SAT II를 볼 수 있는 달은 10월, 11월, 12월, 1월, 5월, 6월로 정해져 있으므로 무턱대고 보지 말고 충분히 공부를 하여 실력이 향상된 시기를 놓치지 않고 신청하여 본다.
- 고득점이 나올 때까지 계속 본다.
- 성적이 높은 것도 중요하지만, 여러 번 보는 경우 성적이 향상되는 것도 매우 중요하다. 들쭉날쭉한 성적은 대학 측에 좋지 않은 인상을 주기 때문이다.